親吻土地
逆風高飛

目錄

澎湖嵵裡沙灘牽罟 / 蔡惠苓攝

見證在地情懷
重現天人菊光榮風采

澎湖縣議會 議長　劉陳昭玲

　　有海上明珠之稱的澎湖縣，孤懸台灣海峽之中，不僅景緻美麗豐富，尤富人文之盛，文化的多元更是全國之冠。即使面對惡劣的自然環境，居民維生不易，但是堅強的生存韌性與大自然搏鬥的勇氣，都能延續常民文化的智慧點滴，進而蘊育出澎湖人文的諸多特殊內涵，彌足珍貴。

　　而就文化角度而言，文學向來就是文化的重要表現形式，藉由不同的題材、多樣的筆觸，不但可以表達心境情緒、抒發情感，亦可再現一定時期、一定場域的生活風貌，樸實舖陳下來，讓我們感受到愛與溫暖、純真與善念。

　　惠苓小姐是本縣非常優秀的散文作家，近年來積極致力於文學創作，本次出版之「親吻土地 逆風高飛」乙書，透過她豐富的文筆與人生閱歷，用最精鍊的文辭與

最細膩觀察，搭配深厚的歷史、風土、人情、生態及物產，淋漓盡致地表達躍然紙上，這種用熱情的妙筆活靈活現譜出書內林萬發、曾伯福、洪條根、葉萬教、許廣祥、蔡長壽等六位澎湖鄉親，人生奮鬥歷程，實在令人讚歎歡喜，也讓人感受文學迷人與可貴之處，拜讀之後，不嚼出另一番滋味也難。

　　時值惠苓小姐繼「傾聽風的聲音」之後再次的集結出版本書，特以短短數語，作成此序，以對惠苓小姐不斷延續燃燒菊島文學熱度，聊表衷心的敬佩與感謝。

劉陳昭玲　謹識

激發愛鄉愛土情懷
引發奮力向善正磁

前交通部觀光局澎湖國家風景管理處處長 陳仁弘

　　不久前拜讀了惠苓於2015年4月中旬出版的第一本著作《傾聽風的聲音》，筆觸細膩、書寫生動，該書出爐後，即造成搶購熱潮，甚至有許多澎湖旅外鄉親大量購買，相贈團體及親友，短短兩個月竟能再版二刷，一時洛陽紙貴。這在目前電子資訊發達，良質文體閱讀習慣降低，購書意願普遍不強的年代，實屬難能可貴。

　　惠苓《親吻土地 逆風高飛》這本新作，書中人物，據知是她切入社會層面，於電台或親自訪問的故事集結。她以小說和散文方式交替敘寫，故事描述依然細膩，讀來輕鬆，讓人彷彿身歷其境，回味無窮。復，又描寫了包含日據、民國至現代的澎湖生活場景、發生的典故，文辭運用也以國語及澎湖腔音交相結合，讓情節更為寫實；至於對一草一木，一石一牆的描述，更能激發旅外鄉親的思鄉之情，對家鄉產生更強大的向心力。

推薦序

　　如此撰述，將故鄉人生活歷練與奮力起飛的歷史軌跡，傳遞予讀者的企圖心躍然文字。細讀大作，很難不被她那股強烈的愛鄉情結感動。若非深愛故里，誠難一次又一次地書寫這蕞爾小島，小眾關心的點滴故事。

　　至於書中的六位主角都有不凡的經歷，在困苦艱難的環境裡、在淒涼的寒風中，仍能迎風力行、屹立不搖，終至逆風高飛，卓然有成，卻不論是長居澎湖或旅外發展，飛黃騰達後仍深愛故里，不忘回饋。她將書中人物的成長、親情及對土地之愛、奮鬥歷程等鉅細靡遺描繪，不禁讓人回想過去生活雖然苦澀，卻也充滿溫馨與希望。

　　如此選材，在當今媒體嗜喜挖掘人私，細寫犯案手法的八卦文化社會新聞中，無非是一種讓人學習奮發、引人向善的正磁，看完本書自會產生一股積極向上的正面力量，樂活出更精彩燦爛的人生。

　　本人曾服務於交通部觀光局澎湖國家風景管理處擔任處長，深知文字的傳播魅力無遠弗屆，惠苓書中對澎湖自然景觀及風土民情的文化內涵的點滴敘說，亦也同時正向的行銷澎湖觀光，起了很大的效應，故樂於為序推薦。

陸信雄　2017.3

地方文化述寫深刻
點燃親赴菊島的渴望

前大漢技術學院主任秘書 蔣有川

　　2017年農曆年假結束後的第一天，接到惠苓打來的一通電話，希望我能夠幫她即將出版的新書寫一篇序，當時我說：「已經有好長的一段時間沒再動筆了，不知道還能不能夠為你寫出一篇像樣的文章」但事實上能為自己的學生跨刀，替她的新書寫序，這就是一件頗為值得自豪的事情，所以我就答應了下來。

　　大約一個禮拜，惠苓將她新書部份文稿的內容寄來，讓我能有所參考，以便寫出一篇更為貼近新書內容的序，整整兩天的時間仔細地看完了一遍，第一個感覺是惠苓畢業後的這些年，由於受到工作上的歷練，寫作的功力提昇不少，尤其是回到自己的家鄉澎湖主持廣播電台的節目之後，更是如魚得水般的能夠接觸訪問許多澎湖優秀子弟，深刻了解他們如何在艱困的環境中堅毅

不拔的奮發向上，而這些努力的過程也讓惠苓有機會將
之呈現，不但深刻描寫令人記憶深刻的常民生活文化，
也給社會大眾帶來了非常積極而正面的能量，所以我認
為這的確是一本相當具有勵志性的好書。

惠苓是我在花蓮擔任教職時兩度教過的學生，在校
期間讓我印象最深刻的是她純樸豪爽、勤奮熱誠、勇於
擔當，她曾擔任過「漢青新聞社」的社長，也主編「大
漢青年」的校刊，這份校刊曾經兩度獲得全國大專院校
校刊比賽五專組優等獎，為校爭光不少，所以在我的腦
海中她始終是一位深具潛力、頗具才華的小作家。

這本「親吻土地、逆風高飛」和她的前一本「傾聽
風的聲音」是屬於同一個系列的作品，描寫包含了日
據、民國以至於現今的生活場景，在文辭的運用上也是
國語及台語腔音交互運用，呈現出各個年代歲月的常民
生活，尤其是在澎湖當地的各個地名以及道路發展的更
迭，更是將以前和現在以對照的方式來敘述呈現。

舉這本新書中的一個實例來作說明。譬如寫到洪條
根先生的父親，從烏崁出發途經雙頭掛（興仁）再轉入
通往澎湖難得的高地拱北山的唯一道路（現為22號縣

道），這些內容都必須以認真及負責任的態度去收集相關的資料，不斷地向在地的耆老請益，甚至於有時候還必須親歷其境查證和體驗，才能夠正確無誤的一一呈現在讀者面前，所以當閱讀到這些地方時，除了感受惠芩的用功和用心之外，同時還會點燃起我想去親身走一趟的渴望，所以我認為這本新書對一個想要瞭解澎湖的人來說，是一本頗為值得閱讀的作品。

在閱讀這本新書的文稿時，也發現到許多非常活潑而生動的描述，不僅讓我印象深刻，同時也讓我情不自禁的來回讀了好幾遍，譬如有一段描述澎湖冬季季風的強勁力道時是這樣寫的「位於小島凹處的村落，仍躲不過軟無形體的東北季風呼呼竄過……」

這一小段文字也將我的記憶帶回住在新竹市的那段日子裏，每年強勁的冬季季風從頭前溪出海口呼呼的灌了進來，籠罩肆虐著整個新竹城，讀完這一小段文字，充份的感受遠在台灣海峽中的澎湖群島其冬季季風的威力也是不可小覷，和台灣本島以風城聞名的新竹市，真可謂旗鼓相當、不分軒輊。

澎湖是一座四面環海的群島，凡是生活在大海環抱

著土地上的人們來說，對著大海總是有著一份難以割捨的情懷，所以在介紹澎湖地方的人文景觀時，也總少不了要對大海有所著墨，因為在澎湖人成長的記憶裏，大海的影響一定也是非常深遠的。

在「乞丐囝仔林萬發的生命故事」一文中，開場白就寫到「從島的最高處遠眺，在夏日季末的黃昏裡，海與天交界成一線瑰麗，微波輕盪與彤雲祥寧，動靜間洩漏了居所。歸舟走過亮晃滿地的菊彩，劃出一線線激烈底波紋，噗噗噗地入港聲，為這大氣帶來夕陽西下前天邊唯一底聲息......」對一個熱愛大海的我來說，這是一段再熟悉也不過的畫面，我的腦海中自然立刻迴盪起新竹市南寮漁港夕陽西沉的景象，以及我的老家花蓮南濱海堤上，遠眺著浩瀚無際海天一色的太平洋，似乎曾經生活在大海環抱過地方的人們，都會擁有著這種難以抵擋的思念情懷。

最後我非常感謝惠芩，不僅讓我能先睹為快《親吻土地 逆風高飛》這本新書，又能為之寫序，我與有榮焉。

蔣有川 寫於2017年3月22日

親吻土地　逆風高飛
　淬鍊而後昇華　更知珍惜與回饋

作者

　　風一直是我心中對澎湖最深刻的影像，猶記得少女時期赴台求學的寒暑假期，每返澎湖便在父親經營的小牧場做個快樂的牧羊女。

　　驅趕羊群尋覓綠草，體會了「領頭羊」的深意，也更能與風接近。

　　夏暑，在舉目無林的曠野，烈日像火一般將要收乾身上水分。但只要一陣海風拂來，卻恍如沙漠突降甘霖，澆灌了汗濕的暑熱。

　　冬寒，在毫無遮掩的旱地，東北風倍增海島冷冽寒意。待群羊穩定嚼食，我與父親總瑟縮在旱田高低落差的避風處，以求得一絲溫暖。在低地處，我們不時探頭關注羊群，然後相視而笑繼續避風聊天，自此方與警職退休的父親，點點滴滴地建立起濃入心扉親子之情。

　　其實我最愛的風在澎湖秋季，那午後繞樑的風最愛

自序

玩弄女子的長髮，在那為賦新詞強說愁的年歲裡，成就了我愛詩、愛文的柔心。

　　許多人愁於澎湖冬季勁風的威力，讓海島幾乎寸草不生，一片沉寂，我卻感恩它在成長過程中對我施以軍事訓練，讓我挺直腰桿逆風前行，為我人生帶來寶貴禮物的澎湖風。

　　因為風，澎湖有了其他地區暖季少有的清涼；因為風，讓海洋魚類得有一季的歇息不致快速枯竭；因為風，讓冬寒的環境惡劣、土地貧瘠，卻練就了澎湖人無所不能的環境適應力及經歷任何考驗與錘鍊，仍能努力突破而後逆風高飛的心志。

　　延續澎湖「風」的故事系列，惠芩再度以「親吻土地 逆風高飛」一書傳遞對這片育我成長土地的深愛。

　　書中六位主角：

　　乞丐囝仔林萬發童年的辛苦令人心酸，成長過程卻奮發向上卓然有成，值得環境辛苦的孩子引為標竿。

　　經歷日、中時期，在地知名營造業老董曾伯福，為富不傲，樂於行善，如家人般的照顧所屬，更令許多員工終生難忘，異於其他受訪者的成長背景，他的故事記錄了兩

個時代的不同生活，讀來令人感傷卻也讓人充滿希望 。

　　不顧家人反對偷偷註冊求學，翻轉了自己人生的知名律師洪條根，以工作助人，為正義發聲，在擔任軍法官期間為判生判死徹夜斗室徘徊，強烈的律師性格下卻有一顆柔軟與偏好藝術的心。

　　國中階段因家貧帶著弟弟住進救濟院的葉萬教，在事業有成後並不羞於曾被救濟的背景，反而回歸故里，回饋當初幫助他的地方，更延伸到參加慈善會，出錢出力幫助島內需要幫助的人，是為英雄不怕出身低的好典範。

　　年輕時放蕩不拘的行船浪子許廣祥，經歷工作轉換，無師自通地努力自研，成為澎湖地區，居民、旅客皆知的名廚。獨子捐肝救父的過程，更凝結出一家人深厚的情感，他的新生亦是家庭的重生。

　　從小看盡家庭暴力的細姨囝仔蔡長壽，長達二十年的造船工作練就一身功力，經營五金行後更以「不以訂貨量少而不為」的服務態度，在競爭激烈的五金業中站穩腳步，尤其擔任澎湖柯蔡宗親會理事長期間，勤與其他縣市宗親互動，讓全省宗友融合一家，獲得世界柯蔡

宗親總會頒發特殊貢獻獎殊榮。

六個故事，充滿勵志。辛苦成長，最終皆得高飛有成，更重要的是他們都深愛這塊孕育錘鍊自己的土地，《親吻土地 逆風高飛》書名於焉產生。

勵志，聽來不免生硬。

然惠苓每寫故事，皆借書中人物的人生履跡，來述寫常民生活文化，紀錄當代軼事。推動故鄉的風土民情，文字便不能疏遠人心，因此對故事場景的鋪陳也力求生動貼切，《親吻土地 逆風高飛》便成了軟性的勵志，讓讀者讀來輕鬆溫馨。

記得曾有《傾聽風的聲音》讀者有感而發：閱讀了這本書再遊澎湖，似乎進入了地方的生命，而非第一次臨島旅遊時的走馬看花……

生於澎湖，長於澎湖，喜歡澎湖，想進一步更了解澎湖的朋友們，您除了喜愛《傾聽風的聲音》這本書之外，《親吻土地 逆風高飛》一樣不可錯過。這本書確能讓更多讀者深入認識澎湖，看見澎湖人愛鄉愛土的不凡情懷。

東吉偏島遺腹子 終成破繭彩蝶飛
乞丐囝仔林萬發的生命故事

　　秋近了!晚霞以一抹抹橘與黃，混漫天空的色澤。

　　從島的最高處遠眺，在夏日季末的昏黃裡，海與天交界成一線瑰麗，微波輕盪與彤雲詳寧，動靜間洩漏了居所。歸舟走過亮晃滿池的菊彩，劃出一線線激烈底波紋，噗噗噗地入港聲，為這大氣帶來夕陽西下前天邊唯一底聲息……

南島風華小上海

　　夜幕將臨，夕日拋下最後一抹殘喘，道別鎮日的璀璨。港邊村落，彷彿依循著節奏，逐著音階燃起一盞盞煤油燈火。柔光從窗內漫延透黃，在漆黑的夜裡一方方明著溫暖、明著討海人平安歸航底幸福。

　　島嶼西北角崖頂高處，更長民國一個歲次，以其十九

東吉村景 陳月香攝

海浬照明度，護衛黑水溝海域船隻超過一世紀，黑白間落的燈塔，盡職地在暮垂之後，以每十二秒一瞬，光明地引領航向。

這裡，是澎湖南端的三級離島—東吉嶼，島嶼位居望安鄉最東方，海拔最高47公尺，面積不到兩平方公里。

Ling

方才3歲的林萬發在小島上與奶奶相依為命，生活恍如微弱顫抖的煤油燈，是富裕南島中芝麻大的一小點貧瘠。

相較著阿發與奶奶的貧困，東吉在地理位置上，是早年國際貿易東洋航線上的重要據點。這個當時仍不知名的無人島，曾為無數航者短暫卻安命地庇護狂颱暴雨，多少過客在此暫離險惡的海象，得以繼續前航。在明、清時期，它更是先民或因遷徙、或因商賈，往來台灣南部必經的中途站，也是進出黑水溝的重要指標。

東吉嶼東邊海域，就是台灣海峽中最險惡，人稱「黑水溝」的澎湖水道。

　　黑水溝的得名，來自於它岩石海床與高深度的海水，讓位居澎湖東吉島與台灣本島間的澎湖航道，水色深暗如墨，是《澎湖廳誌》中記載，先人唐山過台灣經過的海域中比「大洋」更為凶險的「小洋」。

　　深不可測無法下椗，海底地形多變，海流湍急、暗流漩渦來回的澎湖水道，以及海峽強勁的東北季風等多種因素匯集，讓此處尤其在秋冬之際，常是風鼓浪濤驚駭行舟，遂成為航海人極大挑戰的詭異海域。

　　雖側處險惡的黑水溝，島嶼的周邊海域地形寬廣多變，也為它帶來不少優勢。

　　冬季，世界上最強勁的洋流之一——黑潮，從北赤道而來強勁通過；夏季，南海海流由南向北竄流。隨著兩股暖流而來的豐富魚種，以及洋流通過，將陸地經由河川而下的沉積物送往海底堆積；潮水流動讓海水湧升，帶動海底的營養鹽到海面，於是周邊海域成為海洋生命溫床、一處良好的漁場，讓此域海洋資源豐富度更甚其他，形成璀璨的海底花園，堪稱富饒漁鄉。

　　豐富的漁業資源，吸引著先民欲到此開墾定居，卻因地處偏遠，清朝初期廳方礙於管理困難「不准報墾亦不准牧

羊」。

　　19世紀初日本國接收台灣及澎湖，東吉扼守台灣的軍事地位開始受到重視，1911年在島上建立了燈塔及兵厝，明治26年（1893）林豪的《澎湖廳志》一書，始記載著隸屬網垵澳的「東吉嶼社」行政名稱。

　　日人並對當時總數148戶，人口844人的「東吉嶼社」展開住民源頭調查。

　　根據該項調查顯示，清中葉之前，東吉嶼並無長住居民，兩百多年前，才有名為鄭誥者從花宅移住於此，之後網垵的呂邦鄉遷居跟進，才逐漸有從金門等地住民遷進形成聚落，直至昭和十年(1935年)，總戶數達189戶，人口1,110人。(花宅、網垵兩村皆位今澎湖望安鄉境內)

　　東吉港灣內凹，兩側土地沿著灣口橫行延伸入海，形如「畚箕島」，以地理風水論，容易聚財。船隻欲往台灣時，東北季風一起，大浪在黑水溝翻滾不利前進，所有漁船都必須在此停泊，人員到東吉島渡過一晚，等待風浪平靜再前往台灣。

　　島嶼的港口不大，大船、商船與大艦就停在港外。村民見大船停航，駕著小船出港迎接，水手們來到東吉，純樸

東吉島聚財畚箕島地形／陳成邦攝

的村落開始人聲鼎沸，這風浪帶來的一夕繁華，不斷地在小小的土地上演，為東吉帶來不同於漁獲的財富。

東吉島的人口數逐年增加，雖無史料數據，但據早一輩的東吉人評估，最盛時期約有三千餘人居住於此，小小的島嶼人口密集，豐富的漁獲資源與地理位置的重要性，為偏鄉營出「小上海」的繁華盛期。

東吉至台南安平為21海浬、馬公則是24海浬，在海上作業的船隻離台南更為接近。

偏處澎湖一隅的地形距離，讓島民與台南生活的密切性比原縣更高。早年海域資源富饒，船隻常常漁穫滿載便直接駛往台南販售，原船買辦家居用品返航，到澎湖本島的機率反而低了！

富裕繁盛的景況，呈現於島上融合了澎湖傳統古厝，與日治時期臺南仿巴洛克影響的西式洋樓建築，還有島上婦女洋裝、珠串粉黛上身的時髦裝扮上。因此，澎湖有一句古早的諺語—「東吉查某、西吉菜脯」；早一輩的居民也表示：「聽說有很多酒店、飯店、旅館，各行各業都在那裡，名流士紳，想要到台灣做生意的人，都會在這裡先做休息。」凡此種種，莫不讓今人遙想當年的繁盛。

直至民國四、五十年間，因著航海技術與氣候預測準確度的提升，船隻可選擇海象較佳的氣候行往台灣，「小上海」的風華已然褪去，但豐富的漁獲仍讓東吉島民生活富裕，烏尾冬、土魠、嘉納等魚類隨著波流常常自動進入海灣，漁民只需來個甕中捉鱉便有大把鈔票收入。

自謀生計遺腹子

然，與濤搏鬥討生活，生命仰賴大海施捨的戲碼不斷的在漁人之鄉上演，一齣齣華麗外衣下，每隔一段時間便要再次重演的悲喜，編織成島嶼的宿命。

出海捕魚的男人，有多少人一去不回，沒入狂濤歸葬大海，將生命回饋給賴以為生的地方，即便它在這浩瀚大洋中是如此渺如粟穀。

1957年8月，20歲的林青隆即將出海，甫滿18歲的妻子港邊送行，微微隆起的腹中，長子已孕成胚胎。他初嚐期待新生命的喜悅，對這次遠捕充滿希望，更覺該加倍努力，即便天際微陰，他與幾位船手，仍談笑風生地跟隨船主出航。

這最後的笑容，還在母親腹中的阿發始終未曾見過。

　　他的爺爺也早離人世，這一房，僅剩奶奶、年紀尚輕的小姑和一位18歲帶孕的新寡。

　　年輕的孕婦頭胎生育並不順利，陣痛很久孩子仍無法順利生出，醫師最後用三角鉗夾出了男嬰，但因使力過猛傷及腹部，小小的腸子外露，驚險程度直比暴風雨中的驚濤駭浪。

　　一出生便受大傷的嬰孩氣息始終微弱，生存力並不被看好，因此拖了半年才報了戶口，「林萬發」三個字始有正名。

　　孩子三歲時，年輕的寡婦改嫁到同島另處廟口旁的一戶人家。父親早逝、母親改嫁，唯一的姑姑遠赴台灣工作謀生，從此孤子與祖母在東吉相依為命。

　　航海技術與機械並不發達的年代，出海捕魚發生意外的機率不低，讓許多並無謀生能力的女人年紀輕輕就成了寡婦。

　　寡婦再嫁並不被排斥，林萬發爺爺迎娶的四房就都是寡婦。然，即便再嫁也不能保你終身有所依靠，他的爺爺也一樣早早離開人間，屬於第四房的奶奶就只留下一子一女為後，獨力扶養孩子成人，唯一的男丁卻也不幸年紀輕輕便遭

大海吞噬。

　　對於當年家境為何會如此清苦，在富饒的東吉島中，獨成「乞丐囝仔」的命運，成年之後的林萬發一直理不出頭緒。

　　高曾祖父那一代擁有十數艘帆船，應是兩、三歲的記憶裡，有一次祭祖活動，大院子裡擠滿了約莫四、五十位親人，因此林家在東吉應是個大家族，為何到這一代、這一房卻兩手空空，他納悶良久仍不得其解。

　　母親改嫁後，阿發尚未完全斷奶，思念加上對母奶的依賴需求，常常繞過崎嶇土徑，赤腳越過村落去找媽媽，已經失怙的孩子在母親懷裡，心中格外穩定與安然。

　　回到家，奶奶的木棍卻從不輕饒，在小腿上留下一條又一條幾乎帶血的紅印，每一條血線都警惕著「母親已成別家人，勿再干擾」的訓示。

　　阿發心中實在不明就裡，痛過之後仍再度依賴。

　　多次的皮肉疼痛，孩子斷了親近媽媽的念頭，徹底成為無嚴無慈的孤兒。經濟需要，姑姑小小年紀便到台灣本島謀生，阿發唯一的依靠是年邁的老祖母。

　　小島生活以漁業為主要生存方式，缺了男主人家庭的

生計便就此停駐，老奶奶在東吉國小當工友，每天得挑水到學校水缸，一個月賺十幾塊錢。微薄的收入維持祖孫的生活捉襟見肘，為了養育孫子，她常撿地瓜、甘蔗尾和花生回家當食物，這些並不足以滿足一個成長中孩子的基本需求，阿發常有一餐沒一餐地餓著肚子，無法與島上其他孩子一樣，過著漁業資源豐碩的富裕生活。

以漁業為主的海島，種植不多，也只有花生和地瓜兩種作物，並無蔬菜。採收期，小阿發便幫忙地主，賺取一點點收成的作物作為酬勞。收成季節過後，循著綠意盡失的土地，也能有所收穫。

這些漏收之果，主人也善良地樂意分享。已被鬆軟的土裡，耙子翻一翻，久久也能有大把土豆夾的收穫；下過雨的地瓜田，幾天後黃土竄出綠苗，向下挖掘，一條「漏收」的地瓜有時還有臭孔，但刨成絲曬乾儲存，在寒冬時亦能勉強維持基本的生命機能。

這些收成時的「遺珠」，都成了祖孫倆的主要食物。

另外，雜貨行賣出甘蔗後的殘屑，食遍海島鮮魚臟腑及污物的蒼蠅嗡飛進駐，隻隻碩大圓肥，身形勝過肢骨乾瘺的阿發。棄置在殘屑內，沾滿蠅蟲的甘蔗尾其實已失甜味，

林萬發

林萬發撿拾喪禮祭品白米飯的村後墓地

阿發常不顧他人取笑撿拾回家，對他及奶奶而言這是唯一
可食的水果。

有時候，村內有家庭辦理喪事，在村後平坡丘陵的塚
地立起新墳，「塞公」(澎湖腔語，意為道士)與八音的音樂
乍歇，身形瘦小的阿發，穿著麵粉袋製成的「中美合作」短
褲，走過村內小徑，爬上黃土坡的丘上平頂，到達後山的墳
地撿拾祭拜死人的半碗米飯。(中西合作短褲：早期生活資
源匱乏，窮人家買不起衣物，自也無錢買布，印有「中西合
作」的麵粉袋便被用來製作褲子，且僅著一件並無內外褲之
分。)

儘管身上那件早已污漬密佈的寬褲，又多沾黃泥和
「恰查某」的草籽，他仍興奮地坐在一旁靜候米飯上的那灶

清香燒盡,那米飯可以煮稀粥成珍貴的一餐,也可曬乾便於收藏。捧起那碗亮白如雪的米飯,污穢與潔淨在掌間對比強烈,家庭經濟困窘的阿發要吃白米,這是唯一的機會。

「我們家沒有像島上其他居民一樣富裕,我在島上沒辦法生活,有時候餓得要出去撿東西吃,因為亂吃且飲食不固定,身形非常『烏乾瘦』(澎湖腔,讀音為「歐搭散」,為乾瘦之意。),人家看到我都會怕!」林萬發形容童年時的自己:「像乞丐孩子一樣髒兮兮的,但也不會生病。」

乞丐囡仔睏廟庭

阿發念小學時奶奶是學校的工友,儘管奶奶施以棍棒教育,他仍捨不得年長的奶奶多做事,該做的活阿發都主動拿來做,進教室上課,往往已經第一節下課了。

那時班上還有40個學生,同齡的孩子常有家人賣完魚貨後,從台南順道買回來的文具用品和新衣,有時還有令人羨慕的新穎玩具,而阿發的衣服都是撿別人淘汰不要的,沒有制服穿、沒有書包揹,他更不知道穿上鞋子的滋味。

他的書包是一塊破舊的四方布，把書本放在中間，對角和對角相互綁起來，僅讓書本不會散落而已。

同學戲謔地常把它丟來丟去。男生故意丟到女生那裡，女生再嫌惡地往男生的方向丟去。就這樣，只要下課時間，他的布包永遠在空中飛來飛去。

後來校長把自己兒子的舊書包和舊制服送給阿發，他也捨不得穿，常在進到教室才把它換上。還有那雙雖然已經舊了，卻被阿發視如珍寶的皮鞋，經年地總是掛在他的脖子上當展示品。

阿發終於有書包揹了，但乞丐囝仔全身發臭，連書包也不能倖免，因此還是免不了「飛天」的命運，一旦掛在同學的書包旁，馬上就被「咻！」地丟出教室外，他得用百米的速度衝出教室將他的寶貝書包撿回。但，單純的阿發一點都不生氣反而覺得好玩。

他說：「常被說是乞丐孩子、髒小孩我很習慣了！小時候去伯父家，他們都嫌我的屁股髒，不想讓我坐椅子，書包被丟也沒什麼啦!」

小學一年級的年齡，阿發偶而跟著村人開始「普魚仔」(討海)。

　　船上的漁工看不起這無父無母，全身髒兮兮的孩子，除了逗弄，也常把他當玩具似地拋入海中。

　　從高處被拋下大海，即便成長於海島，他仍然心中畏懼，每次被高高舉起時，心常糾結成一團，恐懼感自心中昇向大腦，所有的神經與肌肉緊繃，這墜落海裡幾公尺的距離，感覺卻如萬丈深淵。

　　但也因為如此，墜海剎那的求生本能，讓阿發成了游泳高手，對海的恐懼一點一滴消磨，隨船出海「普魚仔」，幫忙潛入水中用石頭固定漁網的「定水」工作，也越來越得心應手。

　　船隻歸航後，漁獲被帶上岸邊，開始依參與工作的人數分份。出船漁夫中，有漁網的人兩份，沒漁網的大人一份，小孩半份，船主份量最多。分好魚貨後大家猜拳決定順序，依序排隊領取。

年紀稍長，只要可以有收入的工作阿發絕對不會放過。有時去撿牛糞或柴草賣給其他島民當燃料，或幫忙牧羊，多多少少掙些錢給奶奶貼補。

但阿發是家裡唯一留下的男丁、是唯一的希望，一出事，這一房獨子的血脈斷絕，希望的泡沫便隨之形散。加上奶奶年紀漸長視力不好，找不到孫子的心急，讓他回到家裡總免不了討來一陣毒打。

奶奶在家族裡經濟最弱勢，又獨力扶養孫子，造就了她強悍的個性，鄰人都覺得她很兇悍，尤其打起孩子非常「粗殘」(澎湖腔語，意指兇惡)，阿發常被用捆柴的粗繩綁住雙手，鞭打到屁股紅腫流血。

林萬發深深記得，國小時有一次因幫忙牧羊又遲到，同學故意追趕他去上課，他因此跌倒受傷，腳上破了個大洞，鮮血泌泌直流，他到井邊用清水洗淨傷口，血水順著井緣流入，井水瞬時被染成鮮紅。他隨手找來青草隨便糊一糊便準備繼續往學校路上走去，卻被聞訊趕來，以為是打架受傷的奶奶用大木棍痛打一頓。

林萬發對當年每每被祖母毒打的情形並不願多談，只淡淡地說：「印象中就是常被打，回到家還是沒有東西吃，

常肚子餓得受不了。」

　　於是，等到痛完了，不明何以被打的阿發，還是像隻受飢的動物四處覓食。

　　當年，東吉嶼周邊海域漁場豐富，可從滿潮時烏尾冬、土魠、嘉納等魚種洄游進入港灣可觀一二，有時不必遠航就有收穫，很多人因此賺了大錢，經濟非常優渥。

　　在尚未建築碼頭時，啟明宮前的沙灘便是船隻進出的泊地，海水漲潮，就是船隻準備進、出海的時間。

　　當潮水淹漲沙地，人們將船隻推入海中，讓它順著潮水啟動入海，或者趁著潮水高漲時返航，再由幾個人涉過淺水區，拉動船隻上灘並以纜繩固定於岸上。

　　晚飯時間各家廚房傳來飯菜香，奶奶用簡單的鍋具在土碳爐上燒起晚餐，剛撿回來的地瓜煮成的簽粥是桌上唯一的食物，幾十條黃艷的地瓜簽，在半鍋湯水中載浮載沉，餐餐幾乎是喝「水」飽腹了！

　　餐後沒多久，阿發趁著奶奶不注意時又溜出家門。

　　為了趕赴凌晨潮汐，幫忙推船下海，阿發長期睡在村內啟明宮廟埕。廟前二、三張窄窄的長椅，白天一群老人坐著聊天，夜晚人潮散去，自然成為他的眠床。

廟前的長椅，白天一群老人坐著聊天，夜晚自然成為阿發的眠床。

離島的夜特別早眠，一戶戶捻熄的油燈讓暗夜快速降臨。夜暮深垂的宮廟內，剛開始還有一小柱紅色蠟燭的微光，隨著夜漸深沉燭火燃盡，除了星光與月色，小島渺無聲息。

阿發已習慣了這張窄硬的長椅，瘦小的身體恰恰可以側躺著入睡，而除了他這個全身髒兮兮的乞丐囝仔，沒有人會跟他搶睡這張小床，夏天海風涼爽吹來，倒也能舒服夜寐。只是有時睡得太熟，一翻身就從長椅上掉了下來。

白天的疲累總讓人容易入夢，驚醒後再爬上去也能快速熟睡，但若蚊蟲肆虐便難得一夜安眠，長椅上的夜晚其實充滿辛酸。

冬季，黑夜如墨。

位於小島凹處的村落，仍躲不過軟無形體的東北季風呼呼竄過。尤其在冷氣團南下的夜晚，8級強風加上低溫，原本早寐的村落除了冷風與浪濤狂吼，四周了無聲息，村人早早躲在屋裡生起煤球火爐，包裹著溫被入眠。

廣大的廟埕在寒風中無所遁形，瑟縮在廟口一角的阿發，棉布袋又墊又蓋地過冬，寒意自織袋密佈的隙縫襲來，似乎能穿肌入骨，小島的冬夜特別難度。忍著寒，清晨四、

五點漲潮時的機會，他提醒自己「絕對不能錯過」。

　　鄉下地方還算有人情味，即便阿發每天衣衫襤褸，是村民口中的乞丐囡仔，被人戲謔、瞧不起，但只要肯做仍能分得漁貨，他忍耐寒霜，等待可以分擔工作的機會。

　　蜷縮著的阿發看似熟睡，一有人聲噪動，便要強迫自己清醒過來，主動跑到船邊幫忙推船出海，小孩能分得的半份，是他可以多得漁獲讓奶奶果腹的機會，再冷峻的氣候也得咬牙熬過。

東吉島美麗礁石
蔡財興攝

撿屍潛蝦骨力活

　　澎湖群島四周的海域，北方與南方各有急流及海溝分別經過，海床多礁石，海洋深度變化大，海水常成漩渦式流動。傳說中還有令人聞之色變的「八卦水域」，中心部位止水平靜，外圍波動翻浪如滾水正沸。

　　尤其，在大洋水流與潮汐漲退，相互交會推擠通過黑水溝時，流速便到達最高點，墨色波濤在船舟下洶湧動盪，難以預料的亂流莫名牽引，海象相當險惡，早有惡水之名。

　　若遇上冬季東北季風盛行時，「無日不颺」十級以上陣風，那強風以每秒二十四點五公尺以上的極端風速掃過海平面；3至5公尺，甚或颱風來襲時7公尺嗜人巨浪無情地撼搖，海上行舟風險大增。

　　因此，從稍有記載的明朝時期起，就有不少客貨船過境澎湖海域時不幸沉沒，在航海技術尚未發達前，海上意外時有所聞。明、清時期便有「唐山過台灣，十去六死三留一回頭」的說法，澎湖的褒歌中也有「討海犯風老命休，浮令搓鰻結規球......」的唏噓！

　　阿發童年時期也常見船難發生，尤其在冬季時，東北

季風與湍流交織出一幅險惡的海象，只要聽聞有船隻翻船的訊息，他便冒著強風爬上後山坡頂，睜眼遠望是否有人待援或者隨潮流漂近的屍體，雖然大部份看到的都是浮屍，但他心裡並不畏懼，還三步併兩步地跑到派出所報案，當時警察單位，給發現浮屍的報案者獎金，一具兩毛錢的獎勵也是不無小補的收入，雖然年紀仍小，但他是家裡唯一的男人，任何賺錢貼補家用的機會他都不容錯過。

　　與海洋生活緊密接觸的環境，造就了林萬發優秀的水性，尤其到了國中時期，他的泳技簡直爐火純青。

　　琳瑯滿目的海底生物，瑰麗多彩，阿發很喜歡在海底的感覺，像是世外桃源，在那裡他不曾被輕蔑欺侮，優游自在地像一條魚。

　　颱風季節海面波濤洶湧，許多人都避之唯恐不及，常常在海裡來去的阿發，知道潛入數公尺後的水下是平靜

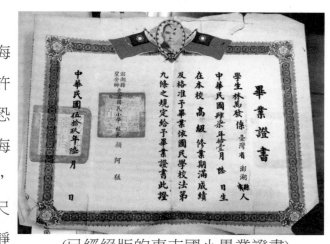

(已經絕版的東吉國小畢業證書)

的，便常深潛入海，用粗長繩綁住珊瑚礁定著身體，讓自己仍可在一定範圍內做業，他的經驗是「只要綁著礁石，就能不被海浪打遠」。

他最喜歡潛到海裡抓龍蝦，魚產豐富，常常幾小時就可以抓到近十隻龍蝦大王。這在他眼裡「龍蝦又大又多，都可以挑大的抓的童年情景，卻因為炸魚、毒魚或一網打盡的捕魚方式，嚴重破壞海洋生態環境，這幾年來龍蝦已幾近枯竭。

由於姑姑的堅持，奶奶終於首肯讓他完成九年國民教育。

翁文杏老師

在望安國中東吉分部求學時，學校只有三間教室供各年級上課。

到離島工作的老師和公務人員通常不諳水性卻喜好海鮮，阿發抓來的龍蝦，通常是以一隻50元的代價賣給他的導師翁文杏，他記得當時一斗米的價錢是一百六十元。「翁老

師應該是39年次，大我八歲而已，大學剛畢業就來東吉教書了，他清楚我的家境，我很感謝他。」原來翁老師買貨意在幫助學生經濟。

湯進逢主任

「當時對我最好的應該是我的訓導主任湯進逢，常常把他的便當分一些給我。」阿發有感而發。「班上有11個同學都很友善，一個叫林文彬的同學，總是留下三分之一的便當給我吃。」

林萬發望安國中東吉分校的同學

林萬發

　　到處打工賺錢，以及姑姑的工作漸趨穩定，國中即將畢業的林萬發生活終於稍微脫離困境，但他不諱言自己從小學開始就沒有認真上課，他搞笑地說：「記得我以前在國中時期都是考前十名耶！因為我們全班才11個人。」

　　從小就得為生存掙扎，常得忙到11點以後才能進教室，阿發幾乎沒有上學，九年國民義務教育發給他國小和國中的畢業證書，但他不諱言：「其實我當時只認得一些基礎文字，甚至連ㄅㄆㄇㄈ都不會。」

　　沒辦法好好讀書，他別無選擇，命運如此安排，阿發只能認命盡力地活著。

林萬發

生命轉捩救國團

國中畢業，姑姑林金英帶他到台灣找工作，台南、台北、高雄都有他的足跡，後來較穩定地在台南做刻鐵模的黑手。

鐵模工廠的老闆是東吉人，因此提供給東吉孩子工作機會，同事清一色來自東吉。廠裡的一位同事收容他，這個家庭有四男三女共七個孩子，阿發入住後五個男生擠在不到兩坪的房間，雖然狹隘卻頗有一家人的安定感，這是他第一次享有安定溫暖的團體家庭生活。

這戶人家的孩子，有一位和阿發的年齡相仿，常參加救國團的登山活動，有次邀約阿發一起成行，激起他對登山活動的愛好，也與救國團結下不解之緣。

他很感恩地說：「其實我能有今天，真的感謝救國團過去的培養。」

初由澎湖到台的阿發仍很自卑，與人相處常沉默地不敢發言，救國團的活動不但讓他慢慢懂得與人互動，也學到

41

許多工作無法獲得的知識，從戶外生活中他吸收到野外求生的各種技能、正面積極的思考模式。這些都成為他後來賴以謀生的重要知能。尤其，參與團體活動也正確地引導他發洩年輕過盛的精力。

救國團開啟了他的新生命

當時安平有很多青年朋友，晚上下班不是飆車就是打群架，成群結隊膽子就大，雖然不算大惡但也造成治安上的困擾，尤其對人生的未來並無正向意義。

林萬發感觸很深：「當年如果無所事事，也許就加入他們的行列，所以可以說『沒有救國團的活動，就沒有今日的我』。」

在鐵模工廠歷練了幾年，經濟稍微寬裕的

姑姑已將奶奶接到台北，也希望阿發能習得一技之長，幫他報名了資訊中心水電室內配線的課程。

這期間，阿發很認真上課，非必要從不缺課，結訓時得到全國第三名，擁有水電執照和證照，最可貴的是保送當時北部專科第一志願的台北工專就讀。

阿發以全省第三名的成績結訓於職訓中心的消息，傳到附近一家水電工程行老闆的耳裡，開價比當時高出許多的薪水聘他一起工作，苦過來的家庭越發感受金錢的重要，奶奶跟姑姑異口同聲說：「好不容易有這工作，不要讀什麼書了!」

放棄了台北工專的入學機會，成長後他才覺可惜!

登山讓阿發找到自我(左一)

雖然從台南移至台北工作、居住，但阿發仍持續參加救國團的活動，當時登山對他而言已如藥癮，久久便要離開文明接近山林，倘使一段

時間沒參加頓覺渾身不自在。

　　他喜歡征服一座座山的感覺，如同童年時征服暗潮洶湧的大海，那種喜悅感簡直是異曲而同工。

　　登山翻轉了他的悲情，改變了他的個性，阿發開始樂觀積極。

　　許多次，他們沿著落葉繽紛的山道，緩坡直上，踩著盤根錯節的樹根路，同遊山徑。霧綃由遠而近漫著林木以灰階寫畫森林的層次，微汗的皮膚透出空氣的濕潤；或者，艷陽自葉隙灑下金黃，發亮的綠葉上下閃爍擺動，妝點參天巨木的壯闊，此時舒展雙臂，迎接空氣中縈繞芬多精底氤氳，如同打通任督二脈般舒爽暢快。

　　穿過森林，綠野清風豁然開朗，遠山稜線在逆光中震撼無邊；長草如茵、白芒花向晚天，山嵐自身邊輕輕飄過，或遠處群峯山巔的雲海如浪翻滾，都讓他心情豁然開朗。

　　許多次，他們搭起帳篷，一夥人席地坐臥在僅有星光月色的林地上談天說地，夜沉時，與富節奏感的蟲鳴聲相伴入眠；清晨，自啁啾輕喚的鳥語中甦醒，吸一口清新，沐浴朝陽下，精神爽朗如脫胎初生。

　　阿發最喜歡的，莫過於看到自岩壁裂縫竄生而出，全

力綻放艷麗的花蕊，那生命力的驚喜令人動容，如同自己的成長過程，在困境與貧瘠中，不向命運低頭，拼命尋出一線生機。

其實阿發喜歡登山，有部份也來自於他必須面對的未知挑戰，是樂趣也是生命的試煉，讓他更能堅步跨走每一道崎途。

這熱愛之情，讓他常常請假去爬山，工作時間無法穩定，造成水電行老闆的困擾，一段時間之後便離職了！

自此他將更多時間投入救國團、微笑協會，72至73年間積極參與童子軍活動，組成社區童軍團凝聚青年朋友的活力，甚至獲得羅浮童軍兩個木章的高度榮譽。此時也認識很

台中市第十八期童子軍木章基本訓練75年5月11—14日於中正營區

多登山界及教育界的長官,如林清江、趙守博、陳漢強等人。

跟著前輩到處學習,他不但練就一身企劃、

事業從擺地攤賣睡袋開始

帶活動和主持的好功夫,還會寫歌。幼時自卑,成長後喜歡看到別人快樂,也希望帶給別人快樂,自己更因此快樂,只有國中學歷的林萬發展開了不同以往的無限可能。

林萬發創業過程很多都是因為「服務別人」而獲得機會,因為付出就能得到更多。

阿發常常幫學校帶童軍活動,76年在岳父、姑姑及朋友的支援下,並無恆產的林萬發夫妻,從擺地攤賣童軍用品中轉開了童軍用品社。雖然這家店利潤微薄,一個睡袋僅淨利百元,客戶若殺價更是連蠅頭小利都談不上,總算也讓他累積了經營生意的經驗。

由於對童軍活動的熟悉,他便半義務地以日薪百元的酬勞長期協助廠商帶活動,當中國童子軍總會要收回童軍用

品社的管理權時，協助的學校正好提出「為什麼不乾脆成立旅行社來協助我們」的請求，於是他申請成立了以接國中、國小青少年畢業旅行、校外教學及機關團體行程為主的松霖事業機構，目前旗下有松霖旅行社、哈哈旅遊及松緣民宿等單位。

能夠如此順利銜接，最大的原因就是信任度，林萬發說:「一路走來要感謝許多貴人的幫助:在救國團的許多

松緣民宿位於苗栗南庄，特惠澎湖鄉親

老朋友、維他露董事長許霖金、岳父母、跟著吃苦的太太、還有陪我長大,九十七歲時離世的奶奶和姑姑林金英……」

林萬發與姑姑林金英

談到前半生幾乎是唯一的兩位親人,60歲的林萬發眼眶濕潤。

從小讓他飽嘗皮肉之痛的奶奶,為他留下了每一份值得珍惜的紀錄。尤其那早遭廢校的東吉國小畢業證書,殘破的紙邊內文卻仍完好,這一紙絕版的證書,是他學習的起步,童年最深刻的生活記憶如同躍然紙上般清晰,提醒自己來自何處,根在何方。

而姑姑則是他最重要的後盾,他的貴人。如果不是姑姑堅持,林萬發就沒有國中的求學歲月。出社會,更時時緊盯他的生活及學習,在自己經濟亦不寬裕的情況下,不但負擔姪子參加職訓中心半年的學費及生活費,還不時給予支援與愛的關懷。

「姑姑真的對我非常好!」他流著眼淚說。

　　林萬發對姑姑的情感不只是姑姪之情，在他心裡，姑姑是母親，是父親，是給他最大愛與寬容的親人。她晚年病重住進榮總時，林萬發常丟下工作，每兩天從台中搭高鐵往返醫院陪伴，那是他必須做的，也是自覺今生能為自己和姑姑做的最後一件事。

　　病塌中，她交給這個自己牽掛一生的姪子一張照片，交代說：「這是唯一的一張，你要收藏好。」

　　那是一張林金英特別請人繪製，看似真實的手繪照片，照片中，年輕的臉龐似曾相識卻又如此陌生。

　　那是林萬發從未謀面的父親，即將離開的姑姑把父親帶到他的身旁，解了他不知父親容顏的遺憾。

父親的畫像

　　「過世那天晚上，她靜靜地躺在我身旁……」說到這裡，林萬發已哽咽得不能言語。

　　生命中最重要的親人都離開了，但林萬發還有不嫌他窮困潦倒，毅然下嫁的妻子蔡千惠，每次談到丈夫的成長，便見她低聲啜泣，哭得比林萬發還傷心。這份不捨的情感，

得見這對夫妻是如何相互扶持，相互需要，相互深愛……

在妻子的鼓勵下，林萬發完成高中跟大專的學業，還努力不懈攻讀完國立暨南大學經營管理研究所的課程，早期不識幾個大字，一路苦讀的他在60歲時光榮的取得了碩士學位。

林千惠在他的生命中扮演最重要的角色。她慧眼獨具不嫌棄出身貧窮，且學歷低落一無所有的男孩，除了鼓勵他持續完成幼時因生活所迫，無法追求的學業基礎，還成為他

一直鼓勵他上進的賢內助

堅實的後盾。看似單純的一個小女子，在丈夫投入學習的過程中，卻八面玲瓏地處理好他們的事業，讓林萬發能無後顧之憂地一步步補足缺憾。

　　她勤快、對工作機靈且投入，獨特的敏感度也讓每次的決定都無差池，堪稱是林萬發事業上最得力的助手。

　　來自苗栗的這個女孩，無疑重塑了林萬發的人生，讓一個國中、小時期，只能勉強領畢業證書的人，累積了更多的學識，成為非常有想法與作為的人。

台中市旅中國鄉聯合會第十三屆理事長交接典禮與市長 胡志強合影留念 103.3.3

　　除了事業上的成果，林萬發擔任過台中縣澎湖同鄉會理事長、全國各縣市旅中聯合會理事長……研究所尚未畢業時，已經在修平、中州、南開等科技大學擔任講師。

　　童年的辛苦過程讓他特別愛幫助別人，因為睡廟口長椅的經驗，他體會街友的辛苦，親自發送過很多次物資，讓他們在過年前不用排隊就能領到東西，他說：「人在困苦中長大更能珍惜現在所擁有的。」

　　因此他更認真讀書，不諱言剛開始常感吃力，但相對

努力地將以前國中、小時沒有辦法學好的,都在高中補校階段給補回來。高中時期是他此生最認真向學時段,已近40的林萬發已有一子,妻子又懷了第二胎,白天他認真工作,夜間部的課程勤做筆記也從未缺席。每天放學後

一定馬上坐上書桌,卯起勁來跟要參加大學聯考的高中生般埋首苦讀,把當天老師教授的課程讀到通透。由於許多字多不認識,除了自己勤查字典,妻子千惠就成了他的國文家教。因此,高中的成績常名列前茅,幾乎每學期都領得前三

六十歲取得碩士學位

名的獎狀，奠定了他所有學校學習的基礎，他喜孜孜地說：「我還當選全校模範生哩！」這是他在東吉求學時，

不斷進修作為孩子的榜樣

不曾有機會獲得的榮譽。

　　也因為這段辛苦緊追的求學過程，他體會出學習任何事若沒有紮好根基，將來一定辛苦。於是常對孩子說：「未來要做什麼可以先不談，先把書讀好，根紮好了，以後要做什麼都有機會。」

　　他努力補回學歷的過程，讓人想到只在學校殿堂求學兩年，卻成為美國歷史上重要人物的富蘭克林。即便他無法再接受學校教育，卻從未放棄大量閱讀，透過閱讀他不僅認識更多字詞也飽收知識，累積越多，思維面向越廣，結交的益友也越來越多，終究成為影響當時社會的發明家與政治家。林萬發有感而發的說：「飽覽知識的心真是終身不可斷啊！」

能回故鄉最幸福

來自東吉的
林萬發，從沒忘記
那曾經辛苦卻是他
落地的故鄉。近幾
年東吉人口已遷得

東吉港邊老阿嬤經營的小店

僅剩十餘個老人，無人居住的房舍快速頹壞，原本美麗的建
築十倒九傾，長草已掩及窗框……但他對那片曾與奶奶相依
為命的土地，情感依然根深。

從繁華到謝幕，捨不得離鄉的老人和執勤的員警、海
巡隊員、氣象站及燈塔工作人員，在這個幾乎沒有任何現代
文明痕跡的島
上生活，望著
空蕩蕩的漁
港，自給自足
的以發電機發
電，用扁擔到
水井挑水供日

常運用，如同未曾開發的原始村落。

　　孤伶無助，就像澎湖部分頹圮的古厝淪為村人棄置垃圾的地方，因此東吉附近的海域曾一度成為台電核廢料預定貯存地。

　　愛鄉的林萬發不容從此無家可回，於是號召上千位旅居在台的東吉鄉親，成立「東吉聯誼會」，一起疾呼反對核廢料進駐東吉。

　　2009年 對血緣來自東吉島的這些人來說是極重要的一年，擔任搶救澎湖縣望安鄉東吉島反

核料自救會聯絡人的林萬發，於四月時籌辦了一場在高雄澎湖東吉啟明宮舉辦的說明會。

　　林萬發時任台中澎湖同鄉會理事長，他以「反核料：救東吉、救澎湖、救故鄉」為說明會主題，號召全台澎湖同鄉會於當日到場支持，更有一千多位東吉鄉親投入搶救故鄉的連署行列，成立反核廢料「敢死隊」誓死保衛故鄉，更領

林萬發

六百餘位東吉鄉親搭乘船隊，浩浩蕩蕩地返回東吉島，在廟埕紮營夜宿。當時的縣長賴峰偉、馬公市長王乾發、望安籍議員葉明縣都親自飛高雄參與。

2008年9月，澎湖縣政府將東吉設為玄武岩自然保留區，終於躲過成為核廢料填場的命運。

自此，林萬發幾乎成為東吉的守護者，只要有關東吉的問題，各單位都不會忘記要找他商討一下對策。

2014年10月18日，澎湖南方四島國家公園正式掛牌。以東吉嶼向東、頭巾嶼向北及向西，與鐘仔嶼向南各2浬為邊界，將東吉嶼、西吉嶼、東嶼坪嶼、西嶼坪嶼等四島及周邊島礁與海域劃入範圍，成為台灣地區第九座國家公園。於此東吉嶼及其附近海域便

林萬發

能免於遭受外力破壞，對旅居台灣的該南方四島住民當是樂觀其成，額手稱慶。

從核廢料預定地到南方四島國家公園，林萬發和許多東吉鄉親費盡苦心，也受許多政治人物的協助與幫忙。

過程中最讓他感動的是前縣長王乾發。

王乾發少時曾出海捕過魚，深知澎湖的魚場在南海。倘若南海魚場遭破壞，澎湖的魚產將快速枯竭，因此在馬公市公所市長任內，便開始關心南島被列為核廢料預定地的問題。及至當選縣長，對南方四島海域的美景及自然資源的保存更為投入。

當初核廢料預定地箭在弦上，林萬發建議先設玄武岩

豔夏的東吉草原與遠方的燈塔 / 陳成邦攝

保留區才有機會拒絕核廢料，深具魄力的王乾發果真召集相關局處，討論出可行方案後並依據《文化資產保存法》，向上級申請提報「澎湖南海玄武岩自然保留區」。

因此南方四島的美景得以留存，並成為全國第九座國家公園，第二座海洋型國家公園。這過程，除了林萬發因愛鄉燃起的堅持之心，前縣長王乾發確實功不可沒。

2016年5月28日，台南安平到澎湖東吉島航線，可搭載147人的「東吉福氣」號正式開航，林萬發自不能錯過這東吉人引頸企盼的時刻，儘管他每年都偕妻子固定返鄉幾次，但正式有船班定期通航，仍令他與諸多鄉親樂不可支。

船舶即將上岸的那一刻，他掩不住雀躍的心，頻頻說著：「家越來越近了!家越來越近了!」

是的，回鄉之路近了!遙遠偏地旅人們對土地的情感也近了!

對於故土，他希望能保持原貌，希望東吉能夠走出第二春，期待青年朋友能回來好好經營，讓它再現昔日小上海風華。

因此他再成立星宇企業開發股份有限公司並在澎湖設立服務處，準備推展澎湖的觀光，推展黑水溝之島的故事，

主領有別於水上活動之外的深度旅遊。除了將四季皆美的澎湖星空，以體驗在地生活的模式介紹給旅人，東吉的文化、人文、以及自祖先踏上這片土地伊始至今，許許多多感人故事，將在導覽過程中適時傳遞給旅人。

　　落日已然逝於島嶼西方的海平面，沉潛幾時後復以金龍之姿躍然於東方出海。

　　林萬發對東吉的期待何嘗不是如此殷切，他深知頹落凋零便沒了故鄉、沒了根，失根的孩子怎也站不穩。

　　他常說一個來自祖母口中的故事：

　　很多居民都是從金門移民過來的，「曾曾曾曾祖父」那一代是走帆船的，有一天他帶著家人揚帆渡海要找一片新天地，就在這南方的島嶼落地生根。

　　聽說澎湖人在每一年的四月都要回金門祭拜祖先，(他突然插了一句:可能你要找一百多歲的問才會有答案)，但在某年的一次海難中，不幸翻船了!祖地的親人不捨且無奈地說：「有心就好，你們不要再冒險回來祭祖了!」

　　於是有些澎湖人，便把老祖的香火帶回澎湖供奉，從此不必再跨海祭親。

　　林萬發說著說著，視線異常茫遠，彷彿他是那位「曾

林萬發

曾曾曾祖父」，如此思鄉卻路遙千里……

　　但祖先的居地－金門，他未曾久居，無有深濃入底的眷戀，在他的心裡唯一思念的，無非是他在乞丐囝仔時期與祖母刻苦走過的土地。

　　那東吉71號的頹圮老宅，他曾經挖掘土豆的旱田，曾經睏睡的廟埕長椅，曾經撿拾祭米的塚地，曾經與祖母肩水的井邊，還有那高地上迎風望海的日子……即便今日他已努力成一隻破繭彩蝶，那曾經歷練過自己、深刻的人生歲月仍令他懷念深深。

　　於是我們知道，出自東吉的孩子，不管成長後他身在何處，在出生的剎那，那無形的根已自踵後縈向土地，如同孩子認床般依賴它——歲歲、月月、年年……

羊群在曠野中漫步，閒適的東吉如離塵之珠／陳月香攝

靠 岸

圖 / 張書銘
文 / 沈　淩

年少
每一朵紅都是詩
寫在江落
飄點著楓瓣底漪動
像那季旋落的雨
因不捨離枝而
躊躇回眸

那江中還點著方舟
小小雙乘的雅座
眷賞著一夜流水迷離
和那冰寒中
依偎底溫暖

待我撐一枝長篙
為妳引途
這生命中底相隨
劃破一湖秋水
驚擾醉臥波上江楓
如漾出妳心底漣漪
一圈圈漫向堤岸

我是那岸
妳得 妳會在這處停息
像去年臘月
寒霜落綠
停在葉端底晶透

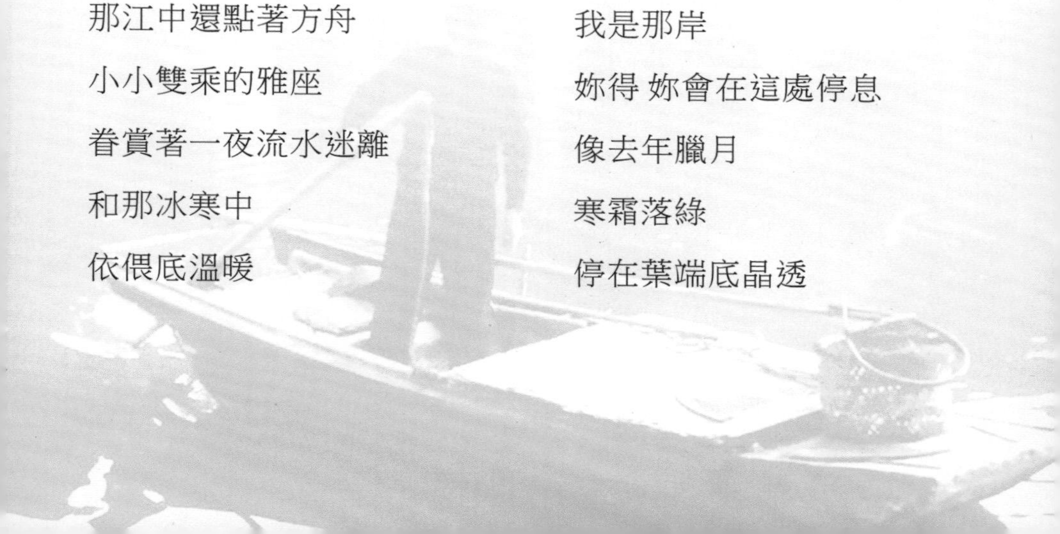

妳得 妳會在這處停息
我的臂彎
已為妳織了綿密的港
任他處也未能擁有的靜和

待我高歌一曲秋
為妳悅耳這瀰漫的詩情
劃開一地寒霜
溫溶這脈液緩流的葉
如妳僵著的心
一寸寸回暖熱情

我是那火
妳得 妳會向這裡依靠
像去歲易年時的子夜
蜷縮在壁中底柴薪

妳得 妳會向這裡依靠
我的室堂
已為妳佈了離寒的種苗
任他處也未能擁有的真心
妳漂泊的長髮
該緊束地向這裡依靠
依靠

協福老董勤耕路　為富不傲樂善施
曾伯福跨越兩個時代的奮鬥人生

　　方城外遠遠的村落，東方的崎頂高地，寬闊旱田延展視野，彷彿能一眼看盡窩仔底厝內的動態。

　　無風、無聲的晌午，成排的高粱直直若定地立在四行土豆苗間。它的腳下，左右各兩欄整齊的翠綠，再來一行立起的高粱同伴，兩欄一行、兩欄一行，如一絲不苟列隊的日人軍伍。

　　遠端的馬公港內灣暗澳海上閃耀著粼粼波光。午後，太陽自西方斜照，撒下一長道碎鑽，浮向漲滿潮水的的長岸。銀色的光影猶恐驚動大地，輕淺地在湛藍的海面上晃蕩飄移，動盪中卻沉默一如啞子。

兩朵白花求生子

這寧靜，其實是假息的洋面，它隨時要再起洶湧浪濤，來個迅雷不及掩耳的突襲，讓人措手不及。

近處田內的黃土卻若有感悟，在炙陽下赤耀著金光，儼然要燒灼一地焰火，將大地燃為焚城，對應這亂世底嚎啕。

這是成為日本殖民地的台灣總督府，下屬澎湖廳馬公街的文澳區(今東、西文里)。

1934年春(民國23年)，曾伯福出生於澎湖最早的城隍廟暗澳城隍廟右前方的三合院，父親曾石柳在馬公臨海路上開設一間擁有丙級營建執照的協福瓦工廠，一家人與務農的祖父母、叔、伯及堂兄弟姊妹們，三代同堂地居住在一起。

暗澳這個地方，位於媽宮灣(馬公舊稱媽宮，日據時代日人改名為馬公)東北端的海岸邊，屬於灣內最深處的地

方，整體地形隱密、安全，敵人不易見得。因此，自明朝嘉靖年間(1563年)便以暗澳命名。數百年歷史的老地名，呈現了地方地形特色，也為元、明、甚至清初三個朝代在此設立重要地方管轄單位的選地要素做了註解。

由於重要的官衙設在此地，一條通往媽宮的官用牛車路(今新生路)，便沿著暗澳海岸開闢曲行。

路的北側，祖師廟、城隍廟、聖真寶殿三宮鼎立，暗澳地區居民最密集的聚落區，以及清代在澎湖設立唯一的官方書院文石書院均位於此。

路南，便是平波的海灣。潮汐退盡，一大片淺坪的潮間帶供養著豐富的海洋生物。無港可漁，以務農為主的暗澳居民，農閒時便在潮間帶採集可為家庭增加餐上配菜的食物。豐富的貝、蟹、魚類及一公一母隨行，俗稱鐵甲鴛鴦的鱟，常是最大的漁獲。

夏季南風輕吹，屬於海洋的清新味道飄滿整個聚落，漲潮時海浪輕輕拍打岸邊的節奏猶然可聞，不完全靠海為生的暗澳，與海卻是如此貼近。

民國70(1981)年第三漁港周邊填海造陸，新生路以南，原為海洋的地區填土成陸，暗澳海岸的潮間帶便從此消失，

增填的土地成為新的行政及商業區。

上有三個姊姊的曾伯福是家族千盼萬盼的男孫。

在重男輕女封建觀念嚴重的早期，曾家的二女和三女出生不久，便分別被送給雙頭掛(今馬公市興仁里)和港底(今湖西鄉成功村)的兩戶人家當養女，僅留下年紀最大的女兒幫忙家中的農事及家務。

一連生了三個女兒，年近三十歲的曾石柳仍未得男，俗諺「三十不見子，終身磨到死」，母親便急於為他苦求男丁。

一日，曾家阿嬤備了豐盛的祭品，來到觀音亭拜拜祈求，求佛祖大發慈悲慨允賜下男丁。

篤信佛祖的阿嬤徒步從暗澳走到馬公西方的海岸邊，觀音亭頂台上六角形的鐘鼓樓在歲月侵擾下色澤依然豐美。

「祥雲靄靄來南海，甘露湛湛潤炎方」，幾副年代顯遠的木質對聯，在不識字的阿嬤看來，亦能自其煙薰陶烏的歷史煙塵中，感受觀音菩薩的靈顯。

光線昏暗的內殿末處，老婦腦後梳著整齊髮髻的身影長跪佛前，一束清香緊握掌內，末端的燃點在暗影中更顯火紅，一縷白煙自紅火末端裊裊升起，和著煙塵的光影，飄忽

著陳舊歷史的色澤。

　　她閉目專注，頭額微低，合掌握杯，點在眉心喃喃禱念。瞬間靜寂後，拋出筊杯，匡噹清脆地敲響地面又各自彈出，幾彈之後這雙彎月終於落定，鐵趴趴地像兩隻沉眠的龜殼。

　　「是蓋杯!」阿嬤難掩失望。

　　撿起兩塊紅色月牙般的斑駁木製筊杯回到跪墊上，她再次誠心祈求。

　　但，這次紅色的兩彎弦月卻像兩個賴皮的孩子，雙手一攤地仰躺在供桌腳下。

　　「石柳這世人敢是無囝仔命?」阿嬤的心，揪緊了!

　　她失落的退坐到側壁牆角的長椅上，陽光自拱門外斜斜地照進殿中，卻總在前段遊走，對比下這角落更顯暗沉。

　　人來人往的廟宇依舊，無聲祈求的寧靜依舊，博杯的匡噹聲依舊，時間是掌中的流水，抓不得地自隙間溜走。

　　沉思良久後阿嬤眼神篤定，怎能讓石柳無子「終身磨到死」。

　　再次起身，她猶如食過仙丹，包著小腳的三寸金蓮，快步向觀世音神像的供桌前移去。

　　再次跪在斜傾的拜墊，她手捧雙杯高高擎起，口中喃喃默念著禱詞，將誠心全然寄付雙月。舉杯的雙手猶然緊緊閉合，卻如道士作法地在空中劃出數道弧線，他堅定默禱：「未見男丁，求神佛賜子」，隨即赫然放開雙手。

　　筊杯離手，紅色月彎在空氣瞬間寧靜凝結的幾秒後，要敲醒整個神殿似地落地聲更顯清脆。彈了幾彈，右弦的筊杯在拜殿與供桌間落定，左弦的彎月卻又多彈跳了幾次，好不容易才在圓柱前翻滾停下。

　　是一正一反的陰陽配聖杯。

　　阿嬤喜出望外：「觀音菩薩有聽到了!觀音菩薩有聽到了!」

　　繼此，觀世音菩薩終於給了三聖筊杯應允。她趁勝追擊，終於連得兩朵代表男丁子嗣的白花。

　　這低落高起的求子過程，阿嬤的心始終隨著怦動起伏，好不容易求得兩朵白花，小心翼翼地擺放在謝籃裡，沿著那條清代即已開闢的官方牛車路走回暗澳的家，一路上她雀躍得有如男孫已在懷抱。

　　石柳的媳婦正在天井內的水缸邊洗滌，婆婆興沖沖地把白花送到她手上，細細碎碎地叮囑要放在房間裡的床頭

上，每天可得看好它，絕對不可以有任何閃失給丟失了或壓毀了!

　　這兩朵白花儼然就是婆婆得孫的希望，再如何也得視如寶物般珍收。她將濕手在衣服上來回抹乾，馬上接下花朵小心翼翼地依照囑咐放上床頭。

　　果不其然，曾石柳的妻子第四胎生了男孩，命名為伯福，幾年後二子出生，阿嬤苦求的兩朵白花果真開放，曾家上下莫不欣喜。

　　其實，曾家的祖先姓氏，還頗多轉折。

　　這求白花的阿嬤生於清朝，原是白沙鄉後寮林姓人家的女兒。世居暗澳以農為業的貧農鄭水，不但三代無男丁，到他這一代更無生育，於是將她抱來做為養女，卻仍留原名林進治，未曾改姓。

　　光緒二十一年日軍侵澎(即澎湖之役)，林進治年方十三，無道的日軍一上岸，見男便殺，見女便姦。許多婦女與清白的年輕女孩在親人面前被姦淫後羞愧自殺。這色膽包天的日軍即便連尚未發育的小女孩也不願放過。已生得清秀可人的小養女在一片廝殺及尖叫、慘叫聲中驚嚇得四處躲藏，因機警地及時將自己埋入高粱草堆而躲過一劫。

曾伯福

　　佔領此地的日軍，將臨時營房設於暗澳附近，對澎湖施行軍政管理。

　　但不久，卻遇瘟疫，每晨病死無數，近千位日本士兵因此亡故。自澎湖之役至瘟疫期間，日軍已耗損不少，為了安葬這些死於異鄉的軍人，日方特別派遣風水專家由日抵澎堪輿，選定暗澳西北方山仔尾高地東側闢建合葬墓地(今已遷移改建為馬公國中)。

　　這建墓過程，鄰近的幾個村落便自然地被強迫徵召為工人，尤其是暗澳地區的壯丁，更被派以擔任運屍工作。瘟疫的傳染性讓人聞之卻步，更何況是搬運因之而亡的屍體，更令人毛骨悚然，但在強勢日軍的監督下，無人敢說一個不字。

　　該墓園分為七座墓塚，稱為北斗七星墓丘，葬有1895位日人，立「混成枝隊陸軍軍人軍屬合葬之墓」碑塔，澎湖人俗稱之為「千人塚」。高3丈的方尖塔，屹立在山仔尾山丘上，周圍以澎湖在地石材硓砧石圍出寬廣的墓地，雖說莊嚴，但總讓人感覺有股深沉的陰氣。

　　倖存的養女，生活也頗為不安。

　　大量的屍體腐化後屍水滲入土地，處於窪地下的的暗

澳，村內古井水色逐漸生變，無一倖免，近地的水質已變得無法飲用，只好到更遠的地方挑水入缸，每天工作量便多了好幾倍，體力負荷量自然也俱增。

尤其夜裡陰靈出現，驚擾陽人，千人塚內士兵操練聲不斷，恐怖至極。長此以往，惹得雞犬不寧，暗澳地區的居民生活難以平靜。

正當村民們苦於無法可施，沒有多久千人塚寧靜了，即便暗夜非得經過附近時，仍覺毛骨悚然，但卻了無聲息，村民們漸漸回復生活軌道，一切又開始如常。

事後，村內流傳著神奇的故事，指村內祭祀的清水祖師於某一天夜晚降臨暗澳，登千人塚祭煞並以法器及鐵符，鎮、釘七墓穴的亡靈，鬼怪才不再作亂。

亂世崎嶇求學路

二十歲的林進治生得亭亭玉立，家中的大小項工作她無一不能，這年父母為她招得曾玉旺為婿。

但曾玉旺是個喜歡戲曲娛樂，不勤於工作的人，每天南管、北管唱聽，就是不願認真協助家裡的農務，討生活的

事就都丟給妻子進治，搞得她孩子落地才三天，就得去田裡操勞，真是歹命得很。

夫妻倆也先後生了四男三女，但靠進治一個女人，不但奶水不足，實在也養不起這一大群孩子。因此，除了長女留下來幫忙家裡的工作以外，也只留下大兒子石文和二兒子石柳，其他的男男女女，都在還是小娃兒時期就送人領養了。

而今，這石柳的孩子也只留下大女兒和兩位男孩。

但，留下協助家事，未送他人的女兒卻病體虛弱，身為長子的曾伯福，就讀石泉國小時，每在放學後便要包攬許多家事與農務。尤其長姊十三歲時因腫瘤過世後，父親忙於工廠，大人們忙著農作，四個弟弟、妹妹便都交給他「優」(優：照顧年幼的孩子。)，因此他對弟妹的感情特別深厚。

有一次，小妹又要出送給人當養女，鐵線村雖不遙遠，但交通不便讓距離更顯遙長，尤其送往其他家庭後相見不易，已經懂事的阿福說甚麼也不依，在遊說長輩不成的情況下，他只好使出殺手鐧，把妹妹「講哭覓」。(澎湖腔音，義為：揹去躲起來。講：揹。哭：意為「去」，原音應唸為「苦」，此地三個字連音，唸一聲「哭」。覓：躲。)

　　為了不讓妹妹與姊姊們一樣成為養女的命運，他揹著年幼的小妹躲進暗澳底狗母山的防空洞裡，直至日將西落，確定抱養人應已離開才帶著小妹緩緩走回家。

　　課餘時間，阿福一刻也不得閒，農務的忙碌期他得緊跟著大人們一起工作。如此的生活看似清平而悠活，曾伯福自出生至國民學校(今小學)的階段，卻是多戰的日據時期。

　　在他就學的1939至1945年間，二次世界大戰如火如荼地展開。日本夾著其併吞東亞的野心，四處宣戰，已是其殖民地的台灣和澎湖，理所當然地成為日軍的作戰基地，飛機由台灣的空軍基地飛向中國大陸、飛向新加坡，飛向日本想要南進侵略的各個國城。大批在台灣徵召的軍伕及高砂義勇隊被派往呂宋島、東印度群島、馬來半島，或對美國和澳洲聯軍作戰最前線的新幾內亞，進行義勇殺「敵」的任務。

　　1941年底，日本向東南亞國家進軍襲擊，夾著偷襲珍珠港成功的勝利，並於昱年一月初擊敗低估了日軍戰鬥力的英國。於是，新加坡隨之成為日本野心侵略後的國土之一。

　　那年，阿福就讀日人推行日語及遵循日本文化教育政策的國民學校，因為日人要台、澎歸順，且要台人將自己視為日人，許多人或被誘被迫改為日名。

　　國民學校裡清一色的日人教師，讀的理所當然是日本書，教室裡處處迴盪著 **あいうえお，アイウエオ** 的朗書聲。

　　他猶記得日本攻打新加坡勝利，日籍老師整隊由學校出發，帶著所有懵懵懂懂的學生，人手一支白底紅圓日本國旗，沿街舉旗吶喊遊行慶賀。

　　然此時的新加坡，卻已遭受日軍對其在保衛戰中堅持抗日，及該地華人對中國抗日戰爭援助的行為展開報復，日軍迅即對新加坡進行整肅大屠殺，估計約有五萬個華人遇難。

　　同時，為日軍據地，並做為侵略各國基地之一的台、澎兩地，也成為其發動戰爭後盟軍反擊的目標，漸漸步向淪為戰地的命運。

　　此後他斷斷續續唸書，學校因戰停課，求學過程端賴父親請來的家教，讀得四書、五經及論語。

　　約自民國32(1943)年起，澎湖的湛藍青空便不時飛來巨鳥般的黑影，執行各種掃射和轟炸的干擾及攻擊戰務。

　　雖然盟軍主要攻擊的區域，是日軍的軍事基地及位處馬公市區的重要政府單位，然在精準度仍無法完全掌握的情

況下，鄰近區域或邊郊之地，仍可能遭受炸彈攻擊，因此躲避空襲是全澎居民保身必處之境。

　　盟軍的炸彈鎖定目標卻不長眼睛，馬公市區的建築物難以倖免，炸彈落下，建物頹倒，生命便隨塵煙而去，殘垣斷壁裡，掩埋著無數在戰爭的無情冷血中喪命的無辜百姓，馬公市區處處斷垣，殘壁內橫躺著壓倒在頹牆下和遭炸彈碎片貫穿肚腸的屍首。年僅三歲的孩子在路上嚎哭，家人因一只炸彈全數罹難，在亂世中倖存的孤兒，之後的命運如何坎坷，想來足以令人鼻酸。

　　另一處鄰近馬公的市郊，炸彈引發的「暴風」也波及幾處民宅，6歲的女孩因此骨折，她四歲的弟弟僥倖安然，在飛機離去後，數十具罹難遺體被擺放在路邊，年邁的外婆走了半天的路自鄉下趕來，老淚縱橫地揹著斷腿的小女孩，牽著因驚嚇而哭泣不止的男孩，一具一具心痛地認屍……

　　戰爭的無情，被間接帶入戰火下無奈的澎湖人僅能躲避與嚎啕。

　　躲得了的苟延殘喘，時時驚恐著是否能有下一次的奇蹟，躲不了的魂歸天國，徹底逃脫了爭戰的魔掌。孰幸孰不幸？在亂世中已難論斷。

因為主要建設和機關都位於市區，馬公成為盟軍必炸之地，曾石柳位於馬公臨海路的瓦工廠被迫暫停營運，市區居民也都疏開(疏散)到鄉下向親友借住，暗澳地區的居民數量突然增多，馬公市區卻恍如荒城。

昭和十九年(民國33年，西元1944年)，澎湖早已處於空襲轟炸的陰影中，防空洞或防空壕處處皆有，尤其不分晝夜的轟炸，致家家必備躲空襲的設備。

這些防空設備，有做於房屋旁或有的建於床鋪下的地下室。

經濟較弱的家庭相當陽春地，在住宅附近找個空地挖個深坑，上方用樹枝樹葉搭著掩體，就是一個簡易的防空壕。在壕溝裡，從枝葉縫隙，猶能見著閃閃發光的轟炸機機體從空中飛過；嚴格說來，它的效用只是讓飛機上的槍手看不到裡面躲著人，降低被掃射的機率，幾乎無安全性可言。

經濟較普通的，也只在頂上加一層水泥，壕溝內仍是褐色的泥土。再好一點、有遠見的於築屋時便挖深地基，在床底加築了避難地下室。飛機一來，燈火捻熄，打開床底的櫃版，一家人便就近躲藏，少了走出戶外，不能預期的危險機率。

曾家的防空洞建在屋後，因早期曾石柳經營瓦工廠，不缺水泥也不缺築匠，因此除了上頂，四周的牆面也用水泥加固，長九米，寬四米的洞內，一個大家族瑟縮地躲進去，勉強還不算擁擠。

雖然逃命已成生活中的一部分，但飛機來時躲空襲，飛機去時勤勞動，勢必才能在這亂世中，求得一線生存的縫隙。

二戰空襲得倖存

一早，工廠停業的曾石柳與母親正在旱田裡除雜，盛暑的夏日寧靜無風，合著雀鳥的啁啾，好一幅樸逸的農忙。然，尖銳刺耳的嗡-嗡-嗡-長鳴聲不多時卻在島內響起，遠遠一群蚊子般的黑影越來越近，抱起母親，曾石柳二話不說飛奔跳進山溝抱頭掩蔽，隨後噠噠噠的一陣掃射，所有人驚嚇得不敢抬頭，許多人在機槍掃射聲中來不及掩蔽，只得抱頭鼠竄或匍匐避難。

機群再一次俯衝，長長的子彈殼乒乒乓乓地落在地面，不知掃射了多久才又恢復平靜。

曾伯福

　　曾石柳探出頭來，偌大的天空已無機影算是安全了！但，所有人仍如驚弓之鳥，各個臉色蒼白，心有餘悸地相互對看，口中喃喃叨唸著：「嘎在(還好的台語音)媽祖有保庇！」彷彿撿回一命或再次重生。

　　倘若轟炸襲於夜半，那警報更是折磨人心，嗡-嗡-嗡-的長音猶如喪鐘地劃破靜空，聽來格外淒厲刺耳。

　　這次，阿福從睡夢中驚醒，來不及披上禦寒的衣物便和父母衝出三合院的廂房。天井上月色明亮，照著手腳慌亂「若蹈虎尾，涉于春冰」的一群人，在生命危在旦夕的驚恐中，竟吐不出驚駭的狂嚎。

　　頓時，整個馬公與近郊，人們豕突狼奔地逃往各家的防空壕，猶恐慢了一步便遭漫天亂飛的炸片波及。

　　這幾年，盟軍的轟炸逐步密集且猛烈，不分晝夜時辰地企圖瓦解人心意志與癱瘓日軍的補給地—台灣、澎湖，三天兩頭常以B-29超級堡壘轟炸機輪番「伺候」。

　　這令人聞之喪膽的巨物，在高陽的照射下的陰影黑暗、驚悚，讓人心生恐懼，與清朗的藍白天際形成強烈對比。

　　B-29超級堡壘轟炸機的驚人之處，在於它是當時各國

空軍中最大型的飛機,同時亦是集各種新科技的最先進武器之一。是整個二戰中最傑出的重型轟炸機,創下了多個轟炸機之最。備用於二次大戰末期美軍對日本城市進行焦土空襲的主力。除此,二戰末期,美國向日本廣島及長崎投擲原子彈的撒手鐧任務亦是由B-29完成,在日本地方此機種因此有「地獄火鳥」之稱。

常常,在接近陸地之前,B-29以它的巨響便震懾人心,引擎轟轟的嚎聲早已劃破島嶼的寧靜,一顆顆碩大、炸力驚人的黑體,像火熱燃燒的隕石從打開的巨鳥腹腔疾速墜落,落海時濺起數十丈的水花,碰!碰!碰!地猶如煙火般,絢麗成險惡的燦爛。

此番任務,盟軍要轟炸的是日軍補給各地戰力的油庫及碼頭基地。當時澎湖廳(今縣政府)前有一油庫,民福路也有一座。擁有大型儲油庫,且船塢內常有戰船維修的海軍基地兼軍港的測天島,被攻擊得最密集。然,雖主在轟炸軍事用地,有時偏差或流彈四射也會傷及民宅,連施工及建材有嚴格要求的澎湖廳建築,屋角也硬是被炸彈削壞一角,幾已疏開民眾的馬公地區更如一片廢墟。

對準油庫,盟軍勢在必得,出動B-29及掃射機群進行

轟炸及掩護任務，測天島遭受二戰以來最猛烈的攻擊。

在海軍工作的阿福伯父，事後形容好戰日人的勇猛說：

日本管轄的海軍受命迎戰對打，日籍軍人向長官敬禮後就坐砲位，以高射砲和空中機群對射，卻無用武之地，日軍被炸得身首異處，到處是無頭、缺了下半身的屍體，慘不忍睹。即便鮮血染紅了陣地，下一位砲手依然堅定有力地行禮後繼續就位，日本的敢死精神教育確實令人瞠目。

敵軍來勢洶洶，日軍還手無用，像被偷襲的珍珠港一樣只能任憑蹂躪。

一架B-29戰機瞬間飛過油庫，精準地在上空投下巨彈，落地時呈炸開的大火球將油庫爆出一個大洞，那爆炸聲與威力，使整個澎湖連島猶如地牛翻身，狠狠地撼動周邊的土地，僅是土牆的防空壕頂上的土塊隨著震動墜入溝壕，壕內的民眾不知緣由，卻被連連的爆炸聲與強震驚嚇得哭成一團。

而此瞬間，油庫燃起烈火，大火沖天，轟隆隆的燃燒聲遠傳幾里，滾滾濃煙像黑色巨獸，復如瘋狂的長龍，越捲越高越捲越大，鋪天蓋地遮去了豔陽與湛藍，迅速染黑了天

幕，大地進入混沌，那場景猶如世界末日，蛇蠍蔽地。

　　油庫的炸燒持續了七天七夜，住在暗澳的曾伯福每晚不敢入睡，燈火管制的漆黑中，隔著馬公內港的暗澳海、隔著偌大的小案山土地，那一大片紅焰的火團不曾稍息卻越燃越烈，紅火照亮整個馬公與市郊，油燃的熱度似乎要燒灼臉龐，感如近在咫尺的野獸，隨時就要竄進來吞噬一切般地威嚇著人們，恐怖又令人驚惶。

　　這幾年間轟炸頻仍、隨時可能喪命的緊張生活讓人們無法種植與討海。

　　阿福的家也有因疏開，而有許多親友來此暫住，一大家族加上借住親人，無糧無食，一幕幕因著戰爭而起的赤貧與悲苦如同瘟疫般蔓延全澎。

　　冒著轟炸危險張著大小帆的三帆貨船從台灣運來地瓜籤，貨物的形貌並無品質可言，物資如此缺乏，即便有大把銀兩也難以購得食物，居民用盡僅有的財務搶購生糧，喜孜孜地回家燒煮成粥食，鍋內是沉在鍋底的稀疏籤條和累累浮蛆，或是一鍋黑壓壓的湯水，而戰亂年代哪懂得噁厭，飢餓的大口一開便扒入腹中，生命的延續顯然比任何情緒更為重要。

　　偶而，阿福和母親一起到馬路對邊的海邊溜海菜和撿些潮間帶的食物當配菜，生活雖然清苦，但也還勉強可以撐得下去。

後厝梅月好女孩

梅月與長女

　　阿福家的後方住著洪成家一家人。

　　洪成家的長子與小女兒梅月相差十二歲，中間男男女女的也有不少孩子。年齡最接近梅月的一位哥哥大他三歲，但只長阿福一歲，因此兩個小男孩常互相到彼此家裡玩耍。

　　梅月阿爸是技術一流的木工，從事的是衣櫥、桌椅等「細木」精工的製作，技術好到讓日本人折服，大戰前常接做他們的生意。當時手下有30多位徒弟，狀況好時曾買了一棟房子和一些田地，阿母便帶著年歲較長的姊姊們耕作這些田地。

　　8歲那年，梅月的父親因病去世留下一家老小，妻子才40出頭。在戰爭的氛圍中失去一家之主頓時沒了支柱。

　　所幸長兄已經在日本人開設的公司工作，由於勤懇實在，很受日本技師美金老師的照顧，幾乎將他當成親生兒子一般關切，一心一意要培養他成文官。

　　父親過世了，正當一家愁於不知如何入殮安葬時，美金雪中送炭地送來日幣五百元。辦完了父親的後事，還有兩百塊的餘額可以讓一大家子撐過一長段時間的生活所需，短時間內沒有任何經濟上的憂慮。

　　美金先生有時候常會到梅月家拜訪，若正值用餐時間，打開飯鍋看到飄著蟲蛆的番薯粥，便馬上拿了白米過來。從此，窮困的洪家餐桌上便屢有當初貴如黃金的白米飯。

　　清秀懂事的梅月在父親過世後也承擔許多家事。

　　養豬、耕作，或者勤勞地在鄰人收成後去翻土豆(地主已經採收完作物，容許其他人再去翻挖一次撿拾漏收)，這些工作梅月都不需大人使喚就自動去做。除了作為餐時的配菜，有時候可以出售，貼補一下學費。

　　除此，她也會和阿福一樣，跨過馬路，到潮間帶採拾

海中生物，撿螺、刺殼仔(在潮間帶採拾蛤類．常以硬鐵枝刺入軟沙感受硬殼後挖出)、共偶阿(敲下附於礁岩上的蚵仔)、破掃帚仔(剖開珊瑚礁，獲取棲息於內的歪斜鬍魁蛤，多年前澎湖縣政府已下令禁採，以維護生態永續)、抓魚蟹、溜海菜沒有一樣難得倒她。

暗澳海的軟泥區裡，盛產斧頭尖仔，許多專門採拾這種小蛤的人家，常篩過軟泥後，用牛車一簍簍地運回家，阿月也是「摸蛤」高手，雖不用牛車載運，卻常滿滿地積了一拘籃(圓形小竹籃)的收穫，讓她扛得氣喘吁吁。(斧頭尖仔：一種澎湖特有的蛤類，成熟的蛤體大小約莫近兩公分多，形似斧頭)

她深知潮汐，每每都有大把收穫，可以販賣也可以留著當餐餚，多多少少幫助家裡的經濟。

只是沒有鞋子可以穿便下海採拾，潮間帶的石頭與蚵、貝尖銳，常常離海後一雙腳滿是血跡斑斑的傷痕。只是戰亂年代物資缺乏，當時似乎人人如此，未曾處理傷口就讓它自行癒合。

如此識事的梅月，看在阿福的阿嬤眼裡自是打心裡喜歡，常對阿福說：「你大漢，愛娶後厝的阿月來做某。」

84

(大漢：長大。某：妻子。皆為台語)

　　還在國民學校階段的阿福對「娶某」懵懵懂懂，雖然經常在上學的路上，或到她家玩耍時會碰到阿月，卻幾乎沒敢交談，但小小的心靈裡對這鄰家的小女孩是有某種程度的喜歡，尤其年紀漸長的梅月出落得美麗大方，自小看來便是乖巧伶俐，阿福也把阿嬤的話記在心中，打從心裡就認定是他未來的妻子。

　　求學期間，梅月是一個相當認真的孩子，因為沒有多餘的錢可以買學用品，每在註冊前就會先向長幾屆的鄰居借書，以通過註冊的檢驗。上課所需的筆記紙，她也隨便以一張白報紙或是可以記錄的紙張湊合著用。

　　學費省、自己也努力認真，在戰亂時期偶能學習是千金難買的機會，她非常珍惜。

　　因為美金先生的幫助，哥哥的工作穩定且薪水提高，光復之後又相當努力地考上一間薪水為當時公務人員五倍的貿易公司，在被派往日本不久又被三菱公司挖角任農業部社長。因為經濟狀況的改善，梅月得以完成國民學校五年級的課業，又因她的成績優異得以提早跳級報考，順利考上省立馬公中學初中部，與因要接任父親事業而選讀澎湖水產職業

學校初中部的阿福同屆就讀。

省立馬公中學校址在馬公街上(目前中正國小),與澎水職校距離不遠,都要從暗澳沿著海邊的牛車路行經文石書院進入馬公(經今日的自由塔轉進)。學校沒有蒸煮設備,中午休息時兩校學生各自回家午餐,下午再徒步到校上課,一天四次來回於暗澳與學校的路上,阿福與梅月見面的機會卻相當少。

這條路是泥土路面,遇雨泥濘不堪,冬日風沙大起並不好走。初光復的澎湖並無路燈設備,遇有活動放學晚了或冬天暗夜來得特別快時,沿路經過文石書院前段,還隨時加演恐怖情節的戲碼。

這個區域,土丘高高低低且林木繁密,範圍偌大深廣,夏日即便有滿天星斗為伴,途經此處,黑魆魆的樹林深不可測,彷彿一雙雙鬼怪的雙眼就在林中監看著路行。有時加上貓頭鷹間歇著呼!呼!或嗚!嗚!的叫聲,讓人直覺「魔神仔」就要竄出,令人全身發毛。(「魔神仔」:台語音,台灣民間信仰中一種出沒於荒野、山林的精怪或枉死鬼魂)

冬時呼呼狂嚎的東北季風,已如鬼片音效般驚人,成

群隨風大幅搖擺的樹影，彷彿隻隻張牙舞爪的黑色巨魔，隨時要竄出吞噬往來的行旅。

　　一群相伴回家的女孩初時雖然故作鎮定，瞠大雙眼不敢斜視地屏氣前行，但只要突然一個變化，便自嚇自地驚聲尖叫拔腿狂奔，在高高低低的牛車路上，跌倒又爬起，爬起又跌倒，一路跟蹌地摔回家。

戰後百事待重整

早期的協福瓦工廠

　　戰亂帶來的災禍與物資匱乏讓人民苦不堪言。就連日據時代父親在臨海路上開設瓦工廠的阿福，家庭也如一般澎湖人，並沒有太多資源可以運用，尤其是戰爭導致工廠停業、無法農漁謀生，生活也算拮

据。

　　抗戰勝利日人投降，國軍接管台灣和澎湖。雖然被炸毀的建築物亟待重整，但因無經費可建，營造業景氣依然低迷，全縣建築業幾乎停頓並無任何建設。

　　戰後一段時間沒有建設，曾石柳握著僅存的4、5萬元日幣，心一橫地買了機動船，專收澎湖的魚乾，再運到台南販售，希望藉此盡快改善家庭的經濟。

　　通常澎湖收成的魚乾以臭肉魚(小鱗脂眼鯡)為最大宗，雖然經過烈焰吸乾大部分的水分，但因無冷凍設備，有時也像賭注。若銷售順利自可有大把現金進帳，生意不好時囤放個幾日便長蟲生蛆，一利一損，有時無盈反虧。

　　一次，載滿貨物航向台南的的途中，天氣清朗萬里無雲，遠遠的地平線與海天連色幾無分野，陽光燦燦地照著海面，灑下長道閃爍，銀亮得讓人幾乎張不開雙眼。這風和日麗的好天氣，這視野無障的藍，讓人心也跟著寬闊暢懷。曾石柳心繫著家人，不由得想著：

　　這次若能將一船的「虎ㄅㄨˋ」全賣出去，今年就會有個好年過了！(「虎ㄅㄨˋ」：澎湖腔音，意為魚乾)

　　雖然離春節尚有近半年時間，但秋將近，下個月的中

88

秋過後,東北季風就臨了,起了大風浪的海,漁船無法出海,太陽收起烈焰,曬魚乾的工作將告暫停,這是今年最後一次收運,他將希望全繫於此。

在波湧微盪的洋上,一隻船隻穩浮海面,向東方的目標前行,舉目所見未有其他船隻的蹤影,一片深邃的藍色汪洋上除了轟轟的引擎聲再無其他聲息。這孤獨的一艘船舟,承載著全家人的希望,即便海洋之廣讓他有滄海一粟的飄渺感,仍要奮力前行。

突然,船隻劇烈晃動,風平浪靜的海面突然發起了驚人巨浪。

那是航海人最怕遇到的「起破湧」,大湧像潛伏船下許久的巨大惡魔,趁人不備卻突自海底升起,張開他龐然的雙臂就要吞噬這大海中的孤船。(「起破湧」:澎湖腔音。應是一種怪異波,或是台灣慣稱的瘋狗浪。破:潑水的意思;湧:浪)

它高高捲起後倏地覆向船身再翻湧上來,船上的人只能張大嘴巴驚聲尖叫,毫無防範的機會與能力,整艘船被推晃得劇烈搖擺,大浪與覆水囓咬著船舟就要翻覆。

首次遭遇這突來的險境,曾石柳心想:這次可能就要

回不去了！

　　然，緊抓船身的手卻怎也不甘心，他腦海裡想到的，都是父母與妻兒。

　　在這戰後的荒蠻中，失去了一家之主的家庭將如何延續？躲過軍伕的徵召、躲過空襲的槍彈，卻躲不過這柔而無形的海水？

　　在日頭赤焰的八月，在該是風和波緩的秋前，那凜冽的寒意卻不停在胸中翻攪，而後漫向身上的每一條神經與血流。

　　「水能載舟亦能覆舟」，啊!命運若真如此安排又能奈何？

　　大浪的擠覆讓船隻晃動且推移了航向，一艘輕舟在洋上宛若浪濤惡魔的玩具，只能任其擺弄摧磨。

　　不知過了多久，海面漸漸回復平靜，藍天依舊，緩洋依舊，這艘已經晃亂了方寸的船隻在大洋中慢慢回復穩定，一切如常得像是甚麼事也沒發生過，船內的曾石柳及幾位水手卻幾乎被嚇破了膽，驚魂未定地懷疑自己是否已魂在天國。

　　差點沉船，慶幸撿回一條命，曾石柳在經歷大難後決

定放棄收、售魚乾的生意，一心要將因戰停業的瓦工廠重新整頓興起。

這還是日據時代剛結束不久的初期，戰後民不聊生，景氣依然低迷，沒有幾個家庭有好日子過。

那年曾伯福才十三歲，初上中學。身為長子，功課不差的他，為了接父親的事業，選擇唸讀澎水職校初中部，接受學習科目比省馬中多了一倍的技職教育。從小凡事認真的他，在校期間努力求學，課業表現持續出色。

光復初期一切正待重整，屢經戰事波折的台灣並無技職教育的教本，因此除了主要科目是中文書籍，技職科目則以日本職業學校的教科書，再經由授課老師將翻譯的內文寫在黑板上，學生用沾水筆抄寫筆記的方式教學。

當初盛行的沾水筆，墨水由使用者自行加水調配濃度。為了節省墨汁，曾伯福常調得較稀，剛開始書寫時墨色還濃，越寫便逐次變淡，勤做的筆記常是一片漸層。

這段時間，在澎水求學的曾伯福忙於課業，但偶也跟隨父親一起騎著鐵馬到工廠學習，雖然仍未能深諳工程原理，卻能深深體驗他做任何工程「照步來」，腳踏實地的誠信精神。(「照步來」：依循著步驟不偷工減料)

弱冠接掌理協福

初中畢業,曾伯福正
式積極投入協福,認真有
心便學得快且深入。

戰後4、5年,社會漸
漸穩定,政府也慢慢步入
正軌,國軍更開始一步步
整修、重建被炸毀的軍事

二十歲的曾伯福(右一),已接掌
協福營造。

設備,政府部門更逐步規劃修整建物,公共工程始如火如荼
地展開。

尤其當國共戰後,大批國軍撤退來台卻無地可居,軍
方於是擴建眷舍,建築業隨之興起,屋瓦瞬時成為必要且搶
手的建材。協福接下了海軍的廠房翻修等工作,自此協福營
造又開始大興。

五十歲那年曾石柳將自己一手打造的協福傳承給長
子。二十歲的曾伯福勇敢地接下它,並完全負責管理營造廠
的大小事務。

初接事業時協福除了瓦工廠還有空心磚場(於目前西文

聖真寶殿前黑貓宅急便處)。

　　憑藉父親日據時期習得的工法傳承與自己多年經驗，再加上獨具的研究精神，沒幾年曾伯福的專業程度已超越許多同業。同時，他將瓦工廠遷移至民福路，除了水泥加工業，也開始販售建材。

　　此時，對營建業已有相當經驗與基礎的曾伯福，更由於曾向蔡伯欣學習建築繪圖，在國軍重整營區時，除了接作工程也協助設計。基於信任，整建過程的建材需求都向他購買，為了擴大接案規模，他將工廠遷至雙頭掛南麓，自此，協福開始了多面向的經營。

　　競爭強烈的澎湖縣三號縣道(西嶼線，經清心小吃)拓寬工程，協福後來以一億兩千多萬元得標，是營造廠朝向土木工程承包的方向邁進的第一步。

　　話說這初接的澎湖縣三號縣道拓寬工程，全澎湖地形高低落差最大的土地非西嶼莫屬，宛若地中海的地形，風景雖然秀麗，在交通建設上是多所不便。

　　尤其到內垵的路上，必須爬經山坡，上山復又下山的道路，行走起來並不順暢。這次工程挖平了丘陵的陡線，徹底拉平了道路，為西嶼地區的交通動線帶來更快速與便捷的

新氣象。

　　擴寬道路過程，必佔用到民地甚至侵犯到建築。當年的民風純樸，凡事自是以公部門的規畫為主。且一般人都覺得造橋鋪路是一大善事，居民普遍支持度都高。拓寬工程並無徵地作業也無補助款項，曾伯福設計出寬度，釘下標示木樁，「犯到路」(澎湖人對被規畫入路的自家土地或建築的說法)的民眾便主動地自行拆除，整個施工過程相當順利。

　　這情形與他後來陸續接手許多道路拓寬的情形並無二致，通往機場的204號道亦復如是，「以前的人，犯路自己拆沒有怨言」他深深體會早期人性的善良與胸襟。

　　此後協福便開始承接各項建設，他設廠作「南阿控」(混泥土攪拌)緩不濟急，又添購了「碰部車」(混泥土攪拌車)，承接海軍的各項工程。位處雙頭掛的彈藥庫地下坑道，壁厚一米多，便是由他負責整體施作工程，從製圖、碎石、預拌混泥土到施工，一貫作業。

　　他依然是依據父親傳授的日本工法，施工品質力求一絲不苟。之後，陸續接建了縣政府衛生局、教師會館、自來水公司辦公室等建物，還在澎湖縣政府後方(湖子底)買了千餘坪的土地，開始築蓋販厝，成為澎湖首位投入興蓋販厝的

第一人。(販厝:台語音。指
成屋，蓋好準備出售的房
子)

　　許多人對協福蓋的房
子都有很高的評價。數年
前曾伯福遇到一位自來水
公司的員工，知道當初承
包興建自來水公司辦公室
的廠商後，讚美說：「協

曾伯福最引以為傲的，已成為歷史
建物地標的巨大水塔，歷經近一甲
子的風霜雨淋歲月卻仍完好如初。

福起的厝『袂穩』，幾十年了，不漏不壞。」(起，台語
音，意為蓋；「袂穩」：不錯。台語音讀音ㄇㄟˋㄇㄞˋ)

　　但他最引以為傲的，是馬公民族路和介壽路，今已成
為歷史建物地標的巨大水塔，歷經近一甲子的風霜雨淋歲月
卻仍完好如初，不曾壞損。

　　水塔的施工，他也是運用一貫的施工法，再加上自己
多年經驗與細心研究心得。施工時，先架以模板，組做成大
水塔的圓桶形狀，特別的是在板模間特製像門閂的契口，以
使咬合更為緊密不致外漏。

　　在無混泥土攪拌車，也無吊車的年代，施工的方法是

先在基地底下用攪拌機攪拌後，再搭建一支吊塔將混泥土吊至上方倒入模內灌漿，紮實的工程施作及緊實的保護層，讓泥漿一滴不漏。省政府公共工程局，由台灣飛來視察的總工程師，看到如此的施工法讚不絕口；該局亦派今為花蓮縣長的傅崐其父親傅兆林到澎擔任工地主任，在美濃長大的傅兆林特別到澎湖監做，也因此與曾伯福成為莫逆之交，至今仍有緊密的交流，兩位皆逾八十的老友，還跟上時代地以line每日互動，情感始終未變。

此外成功水庫淨水場、辦公室、機械室等，也是由他領軍的協福承包。

過濾池施工時，他指揮場內幹部及工人仔細施作，四、五米高的池牆一體成形，一次完成。等到水泥全然乾凝，他嘗試啟用並多次試驗，竟是滴水不漏，堪稱為一次相當成功的工程。

幾十年的經驗與努力，協福營造包攬工程的施工技術已是業界所指的「沒話說」。

曾有一位自稱做水池工程「十座水池九座漏」的同業向他討教，他也不吝惜地將訣竅傳授，只是許多技術、能力累積，還是得經由生命歷練與不懈的研究精神，才能真正體

會箇中精髓。

擁有在澎湖規模龐大的事業體，曾伯福深知會賺錢也要能守住的道理，因此只要有盈餘他便投資購地，在馬公擁有的土地數量驚人。前縣長呂安德女婿有次遇到他還調侃說：我岳父的地已經夠多了，你還更多。

對於協福能有今天的局面，他歸功於父親曾石柳創建工廠並打下的好基礎，他只是將父親的事業發揚光大。

國中畢業就跟在父親旁邊的曾伯福，自認與父親有很深的緣分。

有一年，澎湖縣政府進行建物屋頂整修時，他適巧標到了這個工程，整修時翻開屋瓦赫然發現裡面釘了一塊日據時期留下的牌子，上面清楚地書著----土木勤務：曾石柳(土木勤務：營造)。

當下，曾伯福感動莫名，頓時熱淚盈眶雙手顫抖。撫著那塊碑牌，當年騎著鐵馬跟隨父親學習的記憶猶然浮起，那父子間最親密的情感，在協福日日建立，朦朧中彷彿父親就在眼前，再三叮囑他「人在做，天在看」，要老老實實做人，實實在在做事，才能贏得別人的信賴與尊敬。

此時的曾伯福，已將日據時代不易取得的，擁有丙級

營建執照的協福，一步一腳印踏實經營，累積成擁有甲級營建執照的一間大公司，父業子承，寫出了最完整的一頁。

娶得賢妻鑽石婚

已逾八十的曾伯福，傳承了父親的營造工作，目前已交給第三代管理。

初中畢業後洪梅月來到台北，於中本紡織公司生產部門擔任行政工作，與相差十歲的二哥同住。

年幼時父親便離世，讓他對哥哥們特別依賴，很聽哥哥的話，下班後從不在外逗留，年歲漸長，卻出落標緻與賢淑地相當有長輩緣。有一次，一位看上她的家長拿出存有鉅款的存摺，希望能說服她成為自家的媳婦，梅月卻不以為意。她的思想保有柔順傳統，不想讓媽媽或哥哥們擔心，理所當然婚事應由母親和兄嫂定奪。

而，此時在澎湖拚搏事業，已屆適婚年齡的曾伯福，即便事業有成，是許多女性期待、仰慕的對象，卻未曾交過女朋友。

在他心裡，離家五年，清秀細緻且賢淑的梅月才是他

傾心的對象。

也許是謹守著童年阿嬤的一句戲言:「阿福啊!你大漢要娶後厝的阿月做某喔!」,也許是偶而見面時心中早有的喜歡與情愫,即便已經遷居到馬公市區,那曾有的巧笑倩兮,他依然記得。

民國45年曾石柳偕著妻子向梅月的母親提起婚事,之後便專程到台北提親。

雖然沒有相處過,梅月對阿福從小的印象就覺得是個老實人,對他有不錯的感覺。由於前後厝對彼此家庭了解的深度,母親和哥哥們一致覺得阿福會是個好丈夫,二人結合必是個好姻緣,這門親事就這麼順利的訂成了。

這真可謂姻緣天注定,兩人雖然分隔台、澎兩地多年,

一整排金龜車浩浩蕩蕩迎娶

曾伯福

從小便繫在彼此尾指的月老紅線，終究還是將梅月牽回澎湖。

　　這時，曾伯福同時也兼營協進汽車行，經營出租車業務，已在光復後分為東、西文的暗澳，通往馬公市區的道路早已鋪上整齊的柏油。結婚時一排小巧可愛的金龜仔車浩浩蕩蕩，從西文將梅月隆重地迎娶進門。

　　婚後，其實才是他們戀愛的開始。

　　對梅月而言家裡人口簡單，就母親和兄弟姊妹，但曾家卻是一個大家族，剛嫁過去的梅月從小女兒變成大媳婦，宛若俗諺常說的「淡水魚落入鹹水網」不容易適應。身負長

結婚時，他的事業已多角化經營

媳的重擔，生活模式卻完全不同，每天要煮三餐、侍奉公婆，她努力適應，猶恐做得不夠好。認真學習烹調，孩子看病一定趕掛第一號，好能及時買菜與煮飯。有時，她半夜起來裁布做衣服，就為了要將孩子打扮得整齊漂亮，因此犧牲睡眠也樂在其中。

對於烹飪，他本來生疏，煮起來就不是那麼順手，尤其公公生日時每有客人要來祝壽，準備豬腳麵和各種餐點宴客樣樣都得自己來，她努力學習與研究，幾十年的磨練，從不很會煮食，到吃過她的炒麵和料理的人都讚不絕口，這中間下過無數學習的功夫。

作為媳婦，只要家庭需要的她都認真去學，且尊重公婆，連回娘家都尊敬地請示。

她認為：人到了陌生環境總是要學會忍耐、努力適應，不會的就要問，還要「歡喜做、甘願受」。

即便家境不差，梅月卻是勤儉樸質的女人。這點與並無壞習慣也不亂花錢的曾伯福相當契合。

在家她穿著整齊但輕便，添購新衣就一定用在外出，有些穿了三十幾年，惜物愛物的她都能保存得很好，二十幾年前丈夫在日本買給她的一只皮包，還猶如新物。在她眼

裡，有些東西只是款式舊了、不再嶄新亮眼，但與婚姻一般，她不喜新厭舊，東西未壞絕不隨便丟棄，這惜物愛物的心與從小生活的環境有相當大的關係。

梅月深深記得，童年時美金先生送來難得的白米，洗米時難免會有少數幾顆順水流出，母親仍會將它們收回鍋裡，一粒也「拍損」(浪費)不得。時至今日，白米已是相當平常的食物，但若掉落地上，她仍會一顆顆撿起，儉樸的個性不因環境改變而有所變化。

婚姻維持數十年，夫妻之間的互相體諒與容忍必是長久之道。

很慶幸的，梅月有一個疼愛且體貼她的丈夫，曾伯福的脾氣和修養都相當好，夫妻不曾真正吵過架，尤其在複雜的生意場上他的自制力頗強，為人真誠且從不因外來環境的誘惑而改變初衷。

她很滿足地說：「伯福的人格，不管做事、應酬我都很放

一對金童玉女的美好姻緣

心，外面的野花總是比較鮮豔，社會很多誘惑真的很常見，沒有自制力無法走到現在。」

曾伯福也感恩梅月對家庭的付出，他忙於事業，不僅家裡大大小小家務，連孩子的教育都無暇陪伴參與。如此一來，妻子便要擔待起大部分的責任與壓力，對幾十年的老伴如此用心家庭，曾伯福相當讚賞：「老的、小的，小姑、小叔沒有一個地方不盡心。」

兩老的兩個兒子大學畢業後一個留美、一個留澳，大女兒淡江大學畢業，其夫婿為前交通部澎湖國家風景管理處處長陳阿賓，小女兒是留美碩士，都各有美好的婚姻生活，尤其兩個兒子唸的都是土木相關系所，與當年曾伯福準備承接父業一般，求學過程已先做紮實地學習，且都愛家愛鄉地返澎接手協福，讓已歷經三代努力的協福營造廠，能在曾伯

福董事長退休後，繼續服務澎湖地方。也因此，曾洪梅月於103年同時榮獲馬公、澎湖及全國模範母親的表揚殊榮。

相知相惜，相容相

忍，一起走過無數歡喜與
艱苦的歲月，仍能相愛至
深誠屬難得，民國100年澎
湖縣政府表彰他們為模範
夫妻，並頒以實至名歸的
金婚楷模。

鑽石婚楷模，實至名歸。

　　106(西元2017)年元月，曾伯福與曾洪梅月雙雙慶祝結
婚60周年的鑽石婚。走過一甲子的歲月，相處之道就如同曾
董常說的：「夫妻就是互相幫忙、互相尊重、互相體諒才能
永久。」，而這彼此深濃的愛與親情若非如鑽石般堅定，在
這已然缺角了許多道德觀的混沌濁世，不在朝朝暮暮，又豈
能長長久久……

行善畢生成志業

　　曾是協福早期員工的謝永強，在曾伯福夫婦接受電台
訪問的貼文下留言說：「老頭家是我見過碰過最有情有義的
老闆，感謝老闆當年的照顧，感恩！」

　　原來三十幾年前(約民國75年，西元1986年)，十八歲的

謝永強在協福工作時不小心犯下的錯誤，致公司損失近三十萬元。當年五十出頭的董事長曾伯福卻連一句責備的話都沒說。謝永強細算，以自己一個月不到兩萬元的薪水，這筆損失他至少得為老闆白白工作一年半才還得了，但生活的壓迫讓他不知如何是好。

於是他利用休息時間走到老闆的辦公室，對他深深地致歉，自責怎麼會如此不注意，讓公司蒙受重大的損失。

孰料曾伯福不但未加責備，反而安慰他說：「沒關係！以後小心點就好！」，隨後並鼓勵他：「你還少年，要好好打拼才能出頭天！」

謝永強說：「他是我見過最有修養的一位老闆，度量大，能用同理心對待員工，而且照顧員工就像對自家人一樣關懷，我打從心理百分之百服他。」

其實，曾在協福工作過的人，都對曾伯福有同樣的評價，甚至有員工豎起大拇指稱他是「百年難得一見的好老闆」。

曾伯福自設廠後除非員工

曾伯福視員工為家人，許多一起努力過的夥伴一生感恩。

自己辭職，不曾辭退任何人。對於做不好事的工作夥伴，他就像教育自己的孩子一樣開導、教授及糾正。員工酗酒、吃檳榔他努力規勸：「戒掉才會有好的身體。」這亦老闆亦慈父的帶領模式，難怪令人佩服難忘。

但，曾伯福對工程控管的要求相當嚴格，尤其對事涉公共安全的所有工程一絲不苟，絕不容馬虎。因此，工地主任的人品操守及專業能力他便有極高的標準，可以說是一位善待員工，卻有工作原則的老闆。

他總是把工作交代給工地主任，由他去分配工作給其他工作人員，自己不曾派人緊盯，員工形容他的領導方法是：「即便在他面前摸魚也不會被指責，反而因為自覺不好意思，而變得自動自發。」且他賞罰分明，從不小氣，每個月員工各自領到不公開的額外獎勵，謝永強就曾領到四分之一薪水的獎金，讓他更懂奮發認真。

協福老董事長曾伯福對老員工的照顧，許多人也都看在眼裡。

沒家室的孤單員工，尤其是那些孤苦的外省伯伯，他更是當親人般照顧，工作到八十幾歲，有些員工仍捨不得協福不願退休，每天到公司上班，曾董就給些掃掃地、泡泡茶

的輕鬆活兒做，或者就讓他當作來看看老朋友免得無聊，但仍照發薪水。

這些老員工退休後董事長不但已經幫他們打點好免費的住處，每個月仍發給薪俸，供其運用直至離開人世。

胡溪泰是一位從年輕時便到公司工作，及至年長退休的協福老員工，退休時曾伯福送了一塊地讓他養老，他感動莫名。

在湖子底興建販厝時，當第一排建好，曾伯福讓場內員工張明凱先選一棟送他養老，表示感謝他一生為公司付出，張明凱驚訝得張開大口，簡直不敢置信。

由於兩人有國民學校同班同學的緣分，再加上張在他開始投入土木工程時便到工廠擔任卡車司機，六十幾歲即將退休，幾十年的工作情感，讓曾伯福自覺該為這位為協福付出一生的工作夥伴著想。在那個沒有勞工保險，私人機構也沒有退休金的年代，他的作為，無非也是給了員工一筆可觀的養老退休金。

其實，不僅員工感念他的恩惠，街坊鄰居及澎湖各界，談起曾伯福無不豎指稱揚，啟明里的里長謝宗輝，對這位轄內的長者更是直言：「曾董的為人真的沒話說。」

　　八十幾歲的曾伯福，對其員工與鄉親如此的頌揚與感恩自覺沒那麼偉大，他感念早期工作同仁與他一起打拼，奠定了協福更紮實的基礎，尤其剛開始接下道路拓寬工程時，瀝青需要工廠自行加工，許多工人不管炎夏或寒冬，大清早就到廠內加油起火，工作賣力辛苦，卻都沒有怨言。

　　他認為自己只是做該做的事，尤其到了這個年紀也可謂歷盡滄桑，長居澎湖也看盡了此地的所有人事，起起落落，十年河東十年河西。

　　他說：「人無百年好，也無百年差，不能看人無，尊重工人，有賺錢就多給員工獎勵金，別人為你努力過，有能力時你就該回饋照顧他，如此而已。」

曾伯福與長女

　　但，這種反過來感恩下屬的企業精神，並非是人人皆有的氣度，難怪營造廠內有許多員工都從年輕做到退休，不曾二心。

　　雖說如此善心待人，曾伯福也曾出錢出力或教與工程、經營等經驗，待對方成功了卻

形同陌生人的失望，也經歷了投資錯誤，所用非人的窘境。

最慘痛的兩次，一是他投資木器加工外銷，不但遇到石油危機，又被其中一位股東偷偷賣掉廠地後移居加拿大。一步一腳印，有多少做多少，不曾向銀行貸款的曾伯福，為了拯救公司，以自己在澎湖的信用向本地銀行貸款四千多萬買回土地，卻落入圈套賠得更多。

另一次，曾伯福和幾個澎湖人被一位離職到高雄發展的員工說服去投資建設公司，工程已陸續進行，資金卻遭這位員工捲走，那是他自二十歲起接掌事業以來最大的危機，僅這個投資就虧了一億多，賣地、向銀行貸款還債，幾十年辛苦幾乎付諸東流。

值得慶幸的是，他當年一有盈餘就添購的土地，讓協福有機會再爬起來，再加上他的信用，以及對員工的照顧之心遠傳，銀行都願意借錢給他。

當時台銀的一位經理便是聽曾伯福的員工描述他對下屬如何有量，便很願意貸款給他。以前的努力歸零，但協福的底子猶在，曾伯福的堅持、堅強與毅力，讓一切在重新努力後仍能大放異彩。

幾次投資失利，他對經營事業有了深刻的體悟「看不

到的不可以投資，本人能完全參與的才能投入」，畢竟人心莫測，雖然妻子相當理解，從不怨嘆，但一有閃失全家便跟著辛苦，曾伯福對此相當不忍。

對於那些讓他幾度瀕臨危機的投資事業夥伴，他選擇原諒不追究。

遇事的曾伯福首先怪罪自己「事不三思終有悔」，又認為何必因別人錯誤而折磨自己，若虧了錢又虧了身體，豈不「賠了夫人又折兵」，全盤輸去。

他說了「六尺巷」的故事。

是啊！「讓他三尺又何妨？」「萬里長城今猶在，不見當年秦始皇。」

只是在爾虞我詐的商場，在斤斤計較的社會，又有幾個人能有「讓他三尺」的胸襟，無怪乎他的協福能蒸蒸日上了！

此外，曾伯福夫婦仍有太多為善不欲人知的義舉，他曾說：「對社會有幫助的事我都願意做。」，因此從年輕時便已默默在付出。

曾家奶奶是一個心地柔軟的婦人，不但做產婆替人接生，更常行善助人。

曾伯福

有一次家中僅餘隔日可用的白米，但一位衣著破舊、瘦骨嶙峋的乞者帶著孩子上門乞討，她便悲憫地將白米全部送出。

阿嬤尤其照顧孤寡無依者，身體還健康時，常主動幫忙附

曾伯福與岳家情感至深

近一些無依無靠又行動不便的老人理髮、洗澡及洗衣服，她的善行作為也直接影響了曾石柳與曾伯福。

曾伯福的柔軟心，源自於對祖母及父親所作所為的耳濡目染。

曾伯福夫妻一生行善

但與胡來順先生成立福慧慈善會，卻是受到常捐棺助人的賴光明所影響。

原來賴光明知道曾伯福也是一位頗有

愛心的企業家，捐棺過程遇有籌不出喪葬費的喪家，便會轉請曾董協助，向來樂於助人的曾伯福對僅是賣水卻有心助人的賴光明相當佩服，認為這樣一個靠勞力賺錢，且收入並不能言豐碩的辛苦人，都如此有心，自己更該擴大對社會的付出，因而成立慈善會想為社會做更多事。

慈善會的會員每年基本捐繳一萬兩千元，有些收入較好的會員便慷慨解囊捐得更多。

平常，曾伯福一接到轉介個案，就偕著妻子開車實地去探訪，若真有其事，便適時予以幫助。雖然從不願大肆聲張自己如何助人，但澎湖許多同路人都知道他的善行，比如對弱勢族群投入相當多心力的前議員歐中概，遇有家庭困苦的個案，也會轉介給曾伯福。而曾伯福的做法是遇有迫切需

畢生行善，曾伯福曾獲頒好人好事代表、孝揚獎、菊島詠善獎、全國社區貢獻獎……諸多獎項。

要幫助的個案，倘若福慧慈善會的經費不足，便自掏腰包。他覺得助人沒有所謂出多出少，貴在有心。

慈善會的會員都是他企業界的朋友與一些民間好友，也有耳聞善行而主動加入的，如澎湖康眼科的康醫師，便是偶然在報上看到他真正落實捐助需要的人，才主動聯繫，一起助人。

除了主持福慧慈善會，曾伯福也參與澎湖其他慈善團體。比如家扶扶幼委員會、慈光慈善會、博愛慈善會、東甲北極慈善會、澎湖義消總隊、澎湖西瀛獅子會、澎湖扶輪社、青商會、啟明社區發展協會等，擔任幹部、會長及顧問，出錢出力，幾十年不曾中斷。

而曾洪梅月因為認同長生學「利人利己的事情要做，不利人利己就不要做」的宗旨，投入二十餘年的心力，且擔任澎湖區主任已有十數年之久。

長生學的服務完全不收費，曾洪梅月數年來持續為本地患者服務，也同時傳遞學派養生保健與助人的知識，目前

曾伯福

在澎湖已有約兩千人學過長生學。

　　因於這樣的善行，曾伯福曾獲頒好人好事代表、孝揚獎、菊島詠善獎、全國社區貢獻獎……諸多獎項。

　　然這些榮耀對於已然耄耋之年的這對夫妻而言，早已是身外之物，為富不傲的他們，所求的是在人生晚年，已無任何罣礙的歲月裡，如何以自己畢生努力所得的智慧及財富，為社會盡一份反哺回饋的力量，就像這片安然祥和的土地，亙古以來無聲無息地裸育著在此地生生不息成長的子民，在日出、月落，時序更迭之間，依然敞開胸懷，無怨無悔地豁然付出……

曾伯福三代同堂全家福

滯足一株白水木影

瓦曆相思婆娑優雅

圖/文 沈淩

如果你能走近
請給我一株白水木底光影
月色下
她身顯孤寂

晨與昏漸漸捨離
遊走纏足
一枝弱影守在窗下
凝視成天

獨徘
成一種寧靜
框住一方星光
天井微明

階

圖.文/沈淩

我們循著
先人的足跡
前行
轉過那石階
便見桂花巷中
剔紅緩步的身影
日剛斜傾
遺留在階上的
是累年行步的
履痕

雙頭掛古厝屋外階梯

澎湖古厝，階梯在屋外的建築方式並不多見。雙
頭掛這小倉庫因頂上建著曬穀平台，因此將階梯
建造於外，成為許多村人孩時最深刻的記意。

沈淩詩卡019

洪條根

不畏強權好律師　允文允武愛鄉情

偷偷註冊軍校　翻轉人生洪條根

　　2016年五月，澎湖馬公偏郊的一個小學校--興仁國小六十週年校慶。

　　當天雨水不斷，大會初啟，霏微陰濕，中途大雨傾盆，自棚上瀑布般洩流，千餘位校友冒雨言歡，數十年不見卻仍濃重的童時情誼，將滂沱大雨摒於棚外，溼漉漉的土地考驗遊子激盪的心，多少感動寫滿當日校慶的氛圍。

　　代表校友致詞者之一的洪條根，是第二屆第一名的畢業生。仗義執言、路見不平慨然拔刀的律師性格，儼然生來就要吃這行飯，他的致詞卻感性溫馨：「每次回到學校，我都有跪下來親吻土地的衝動，它孕育我，為我開啟學習之路，讓我得有今日的小小成就⋯⋯」

　　如此柔軟、切中要害的發表，道出了一千多位校友的心聲，如同連綿成線的雨絲震撼人心，令人聞之熱淚欲垂⋯⋯

拱北看戲父子情

大器的石硯與精選的文房四寶，在一方穩實的大木桌上沉著且優雅。廳堂四周，陳列著他珍藏的許多作品與書籍。

靜謐的鄉間只有翠鳥鳴唱。

他沾點墨筆，白毫迅速吸飽了濃烈的墨色，落筆成詩，在「無聲的狂放」中，豪情揮毫，情連方絮。

定、飛躍成撇，再甩筆成捺，隨心所欲如奔馳駿馬之不羈。

放下，一切復歸寧靜。

允文允武的洪條根這書法造詣，是豪情、是細緻，每每為他的詩詞增添無數剛柔並濟的迷人風采。

洪條根出生於民國36(1947)年，也就是國共戰爭，國民政府即將退守台灣，發生二二八事件憾事的歷史年代。

這是民國三〇年代中期、西元1940年代末期，第二次世界大戰乍停，日本終將臺澎歸還中國，都在他出生前兩年

發生。那時混亂的全球戰場，帶來的經濟與民生凋敝，席捲各國，小小的澎湖自不例外。

日據時期日人將台、澎兩島視為帝國野心的作戰進出重要基地，也將所有居民視為戰爭後援部隊，任何人都沒有不參與、不投入的權力。不少家庭男性被徵做軍伕、物資被徵做軍用，美軍轟炸日本以為作戰基地的台、澎，多年戰事當然也波及民居，許多被迫參戰甚至未參戰者，不幸枉死於這場戰亂，戰爭所帶來的貧弊讓戰後的澎湖亟待重生。

此時的澎湖在日人長久據地野心的規劃開發下，已較早期完整且具規模，部分受戰爭轟炸破壞、部分倖存。然，萬事待興，貧窮的共象更待積極振興。

1949年六十萬國軍部隊隨國民政府撤退來台，現有營區容不下大批軍人與眷屬，許多「外省兵」被安置在學校、戲院、寺廟、民宅、倉庫或是防空壕內。

阿根位於澎湖馬公烏崁的家，附近也借住了大批軍隊。

他的父親是位閒時要來點酒氣放鬆心情的人，米酒頭的芳香常引得附近的軍人到家裡來共飲。酒拉近了各地語言的差異，三杯黃湯下肚心情鬆懈，杯觥交錯中也建立了深厚情誼。

父親是教子甚嚴的漁夫，尤其身為長子，在須為弟妹典範及求好更切的期待心下，捱棍捱棒必不可少。

但，洪條根也獨享了弟妹陸續出生前的父愛。

沒有電腦、電視的年代，偶有的表演常令人趨之若鶩。每年秋節勞軍活動在各地如火如荼地展開，來自大陸地區的軍人對京劇的懷念猶如戀鄉，因此拱北的營區偶有勞軍戲曲，有許多軍職好友的阿根父親便常受邀賞戲。

晚餐過後不久，戲曲即將展開。

這部分阿根開始有記憶時約莫三、四歲，每年此時，父親都會揹著他，向三公里外，人稱白球營區的「拱北山雷達站」行去，路途雖遠，看熱鬧的喜悅卻佔滿父子兩人狂熱的心。

沒有路燈的年代，父親從烏崁出發，途經雙頭掛(興仁)再轉入通往澎湖難得的高地拱北山的道路(現為澎22號道)，在密林間光影微弱，林內的軍營，鐵絲網像鋸齒般地根根尖銳圍繞著大門，彷彿龍舌

蘭的尖刺護衛營區。

再往前行，拱北
礮台營區在丘頂的右
方，顯得幽深而神祕。
沿途經過幾個崗哨，在
沉沉的大榕樹氣根下，
暗黯且威森。

　　這一路行來杳無人煙，僅有秋節前明亮的月色為伴。

　　海拔僅52公尺高的拱北山區，舉目所見盡是日據時代
移入種植，用以作為水土保持的銀合歡以及各種巨木。他猶
記得大城、西城、中城、東城，整個山上駐軍密佈，每經過
一個崗哨，站崗士兵便威嚴地看著他們，小小年紀的阿根卻
一點也不害怕，反而覺得新奇。

　　轉往雷達站的路上更是人煙罕至。

　　牛車路軌高低崎嶇，輪軌兩側泥土，因雨泥濘擠壓而
出，卻在陽光吸乾水分後變成凸高地面的硬土條，在黯淡的
月色下，若未踩穩腳步很容易因失去重心而摔跌。

　　阿根的父親早熟悉這樣的路，一人單行自在無礙，但
揹著一個十幾公斤重的孩子走一個多小時的路，跋涉近三公

里，時間一長也就氣喘吁吁。

　　阿根將小手繞過父親的雙肩交叉在他脖子前方，不時還晃動一下身子，父親手捧著他的小屁股，不時輕輕拍打，邊走邊為孩子說著唐朝大將薛丁山西征的故事。

　　說到薛丁山誤射薛仁貴致墜崖失蹤，五歲的阿根硬是不能明瞭，常追根究柢地發問：「薛丁山為甚麼會射殺伊的阿爹？」

　　整段故事，他最喜歡「樊梨花移山倒海」，三擒三縱薛丁山這一段，時而花園、時而囚車，又時而大海，怪力亂神的魔法仙術，彷彿進入奇幻世界般令人稱奇。

　　就這樣，拱北的雷達站好像轉眼出現眼前，他幾乎誤以為是樊梨花將它瞬移過來，好讓父親和他能早早到達。

　　站在拱北丘頂上障物不多，阿根的衣角被風吹得啪嗒作響。

白球(拱北雷達站)

　　兩顆由許多三角形白片拼成的白球碩大無比，比家裡的房子約莫高出五、六倍，也圓胖好幾倍，阿根從沒見過比這三顆白球還大的建築物，就連村里的大廟

也不及它的一半，那情景對他而言只能用「很大很大」來形容。

　　營區的廣場上已經坐滿一排排整齊劃一的阿兵哥，阿根父親選了一個較不拘束的位子坐了下來，將他抱在腿上，成為綠衣群中少見的平民百姓。

　　臺上的鑼鼓早已叮叮咚咚地響起，伴著清脆的胡琴聲聽起來煞有氣勢。

　　這段，演到了穆桂英解甲二十餘載，宋王再下帥印，戰鐘響起時也激起她為國再戰之心。戰鐘越急，桂英的雄心越發炙烈，救國救民怎容躊躇：

　　「猛聽得金鼓響號角聲震，喚起我破天門壯志凌雲，想當年桃花馬上威風凜凜，敵血飛濺石榴裙，有生之日則當盡，寸土怎能屬他人？我不掛帥誰掛帥?我不領兵誰領兵?番王小丑何足論，我一劍能抵百萬兵!」

　　快板高銳的女音唱出了滿腔激情，舞台上的穆桂英正準備換上戎裝掛帥出征，台下的「外省兵」們個個是擊掌呼好，彷彿剛退下戰亂風塵的他們，也將再次擎槍「反共復國」。那台上與台下融而為一激起的愛國護土激情，儼然可以震破山河。

慣用台語，且也難辨各省腔調及京劇唱詞的阿根父子，著實不是很懂這劇的細節，旁座的軍人老友偶爾湊近解說，讓原本來湊熱鬧的兩人也能漸漸進入劇情。這難得的看戲過程，無形中引領一個本省孩子長大後也成了十足的京劇迷。

演出結束後，父子倆踏著原路返回烏崁。

方才舞台上衣著鮮麗的穆桂英，長茅與長劍在她手中伶俐刺削，對武翻轉讓硬靠的四面靠旗飄晃宏武，每一幕在童年的阿根心中都留下深刻且美好地印記。

夜風沁涼吹動衣角也柔拂孩子的臉龐，趴在父親背上特別安心與溫暖，鑼鼓聲依稀在耳畔，阿根卻沉沉睡去，月色照著父親後揹孩子的身影，在長路上漸漸向東延去……

最愛野台歌仔戲

平劇是難得的休閒加碼，阿根父母最愛的還是每年秋冬交接，農漁緩作後各村按例酬神建醮公演的野台歌仔戲。

大約是每年十月左右，海島澎湖風起了，浪也越形高湧。所有的常年作物如花生、地瓜和高粱大致收成。

地瓜藤和蕃薯藤曬乾紮成一綑綑後高高堆起，上方疊成中央高起，兩側較低的斜屋頂狀，覆蓋上高粱乾硬的莖葉以阻擋雨水滲入，並讓它順著下滑滴落地面，保護乾藤不致因濕泡爛。

這「草捆」(指乾藤或枯草疊堆而成的大草堆)在草木皆枯的菊島冬季不但要做為家畜的食物，有時也用為柴薪。當一大落一大落的「草捆」被疊疊堆起，

草捆

代表今年的農事已歇，和著八級的冬季風浪，主要的「討食」(賺錢維生)工作都暫告段落，便用這段空暇建醮酬神，感謝一年來庇佑安康。

這「最久」(為「建醮」的澎湖腔音)除了大肆祭拜，當然最受民眾期待的便是歌仔戲班的演出。

歌仔戲開演的前一天，廟前廣場開始搭起戲台，堅固的戲棚腳將高過幾層樓的大戲台撐起，除了面對廟門的方向，其他三面和頂棚都圍起帆布。戲台上靠近後端三分之一

的地方，掛起了彩繪各種戲劇場景的大棚幕，只要拉動轉線，背景棚幕便能依劇情需要更換。高山流水、園林曲橋、庭內大廳，為戲曲帶來更符合劇情的場景。

這些在戶外演出的歌仔戲被通稱為「野台戲」或「外台戲」，大致上每天演出兩場，日戲為下午兩點到五點，夜戲在晚上七點到十點，每場演出的戲碼都有連續性但劇情却不盡相同。

阿根的父母和其他民眾一樣，在建醮「作戲」這幾天，會特別錯開家務或工作的時間，專心前往看戲。

白天要上學的洪條根大部分只能跟上晚上那一場。

晚餐過後，靖海宮前的舞台已點亮燈光，每個孩子搶快地搬了自家的椅子，準備到廟埕佔位子。阿根的腳勁好常常搶得先機，為父母佔到觀戲角度最佳的位子。

演出時間未到，村人已就定位等候。

後台的演員們正在做最後著裝的調整，有些演員再修妝容，濃濃的墨筆畫出艷麗眼影上的柳眉，緋紅的雙頰煞是迷人，歌仔戲服上則繡滿華麗的亮片，在燈光照射下更顯得耀眼奪目。一群孩子擠在後台的階梯上，探頭觀望戲班仔的一舉一動，能近看偷瞄妝得漂亮的演員，是看歌仔戲前的另

一種滿足。

　　七點一到，鑼鼓大作，後台的孩子紛紛轉到台前，敬神的「扮仙」首先登場。

　　瑤池金母帶著男女童子，與八仙陸續出場，蟠桃會裡，仙人們輕移凌波步紛紛拱手向瑤池金母祝壽，偷桃的孫悟空本尊及分身此時個個展現絕技在舞台上連翻嬉鬧。

　　扮仙的彼此對話不多，以吉祥祈福的內容伴隨「串仔」(即襯底音樂)演出，結束前從舞台上灑下象徵平安的五彩糖果，臺下的孩子頓時忘情騷動，搶成一團。

　　扮仙戲之後，正式演出戲劇。阿根是少數真的認真看戲的孩子，舞台上《七俠五義》演得精彩，特效煙霧自演員腳下如雲升起，打鬥正烈。

　　居弱的一方，在急切的《走路調》--「緊來走啊，咿……，咿……縱身望路卜來去咿，唔通路中，唔通路中，路中相延遲。」唱詞中，用色大膽的豪華戲服，被忽明忽暗的燈光變換成七彩螢光，顯得格外亮眼。

　　阿根喜歡的不只是歌仔戲的演出內容，因戲而來設攤的各式各樣攤販也是一年中難得的榮景。

　　每當被各種小吃攤位的香氣薰得注意力開始渙散時，

總有一枝插著竹籤，烤得外酥內軟的香腸，出現在阿根眼前，父親「彈」香腸的技術一流，鮮少有失手。這是阿根一年中難得嚐到的烤香腸滋味，他將香腸含入口中輕輕地吸吮著，怎也捨不得咬下一口。

年紀稍長，母親也會給他少量的零用錢花用，他喜歡去轉水煮蛋的小販那裡試試手氣。彈開木盒把手，小飛機沿著盒內的圓軌繞行，然後再慢慢停下，即便沒能贏得水煮蛋一枚，但過程中的驚喜或失落，都是值得等待的美麗時刻。

有時，阿根「手頭」寬裕了，醃芭樂的滋味便讓他歡喜一夜，鹹鹹甜甜的甘草芭樂塊，也只有在「最久」時有機會一親芳澤。看著臺上賣力演出、臺下聚精會神觀賞，這野台戲為當代居民創造的休閒娛樂效能，確實功不可沒。

除了烏崁，這時澎湖各村酬神戲碼如接力般陸續展開，沒有其他娛樂的農、漁社會，許多人便常跨村「趕場」看熱鬧。

阿根常和同伴相約走到鄰近村落看戲，這其中以距離最近的雙頭掛去的次數最多。

七歲時父親買了一輛二手拼裝「武車」(後有置貨架的腳踏車，俗稱鐵馬)，那年代有輛鐵馬並非易事，雖然是拼

裝而成，在戰後物資缺乏的年代，他比同齡的玩伴更早榮升
「有車階級」。

有了這輛鐵馬，阿根常和同伴騎著它，不畏迎面七、
八級東北季風的干擾，依然興致勃勃趕場看戲。隘門、雙頭
掛、鎖港等比較鄰近的村里，一群未脫稚氣的孩子，一村又
一村，迎向那還不是能全懂的七字調歌仔戲曲。

其實，歌仔戲對他而言已不只是一種用於休閒的調

劑，而是對童年、對
在地藝術文化一種離
不開的情感。

童年的阿根對京
劇是看熱鬧的成份居
多，甚至聽不懂所言
為何?至於歌仔戲的語言雖然腔調和澎湖腔有些微差異，但
總還是閩南語系，聽來易懂也較易入戲。

然，戲劇藝術之於人生，本具有特殊的情感連結，即
便語言不同，卻似乎也能知其一二，在耳濡目染中，久而久
之便能感受它的美麗意涵，如同樂曲，不知其意也自能陶
醉。

對兩種戲曲的喜好與追逐，奠定阿根日後鑑賞各種戲劇的能力，成長後雖長居高雄，却也不放過欣賞國家演藝廳戲曲演出的機會，最近幾年常為一睹表演，專程搭車北上，夜晚則借住澎湖同鄉洪姓教授位於淡水河畔的雅宅。直至高鐵通車，他更力拼當日來回只為賞戲，說他愛戲成癡實不為過。

童年生活樂趣多

童年的洪條根，在嚴格教養下，著實也享受了不少父母對長子的疼愛。

當時市售玩具少，一般家庭也無太多餘錢可以買給孩子，許多童玩皆出於自製，阿根最擅長製作彈弓。

阿根與父親的軍人朋友攝於
林投公園(前排右一)

一根兩邊對稱的丫形樹枝，用刀片截成丫叉處約8公分，下端握柄留約15公分。廢棄的輪內胎皮，切割兩條寬3公分、長20公分長條，分別綁在丫形樹枝的兩端。再取一塊寬3公分、長4公分的輪胎皮，兩端鑽孔，和兩條內胎條，用線固定綁緊，做為發射石子的包覆，一支實用的彈弓便堅固成形。

至於陀螺，是渴求但難得的玩具。因於材料取得不易及年紀尚小技術不足，難以做出優質成品。

他猶記得九歲「出避」(台語發音，意為罹患麻疹)，發燒一個多星期，咳嗽難耐且全身長滿紅疹，疾病讓孩子容易哭啼又躁動難安。

父親為了安撫阿根，便向鄰居要來芭樂木塊，以菜刀和工具削成陀螺。

這陀螺削製的功力極好，不但平衡度夠，轉動平穩且

洪條根

速度快，阿根愛不釋手立刻把玩起來，因樂在遊戲便分散了身體不適的注意力，也讓病情加速復原。

至於換牙這件事，許多人都有同樣的記憶。

他的父親尤其重視孩子換牙的過程，認為新齒萌出時，舊牙便需要拔落，以免新舊相互推擠，亂了齒序，難長出好恆牙。

因此當舊牙開始搖動，父親便邊哄他邊幫忙搖動鬆齒，等到已搖搖欲墜牙根卻仍深扎牙床時，便取來縫衣的細綿線，綁上雙套節，再以聊天方式分散孩子的注意力，此時無影手動作俐落地將棉線一拉，牙齒便乖乖落下。

興仁國小時期

洪條根

　　阿根沒有感覺搖齒已離開牙床，父親卻故佈疑陣地問：「看看你的牙齒還在嗎？」

　　此時他狐疑地伸手一摸，除了一手鮮紅，兩顆牙齒之間空空如也，連風都可以肆無忌憚地自由進出，小阿根頓時懷疑父親是一位魔術師，怎麼一下就把牙齒變不見了！

　　而父親的臉上卻只飄過一絲神秘的微笑，也不回答問題便逕叫他到水缸邊舀水漱口。

　　水缸的水是今晨新挑的，清澈如鏡，他咧開嘴照了一下，門牙下方空出一顆齒位的牙床，周邊白齒早已沾滿紅血，阿根趕快用水瓢舀了半勺水，漱出一口口紅色水液。

　　等到漱好口回到父親身邊，那顆沾著紅血的牙齒竟然出現在父親攤開的巨掌中，真是神奇得令人喜出望外。

　　於是父親讓他站在天井中央，面對正廳屋頂挺直站立，再將那顆血牙交給阿根，囑咐他要站得直、丟得準，一次就得將牙齒拋上瓦屋頂上。

　　記得上次掉門牙時，父親也是叫他要站直丟牙，所不同的是上次是上排牙齒，他得將牙拋入床下。

　　下排牙往正廳屋頂丟，上排牙往床底下丟，似乎成了每次換牙必做的功課，父親說：「站得直新長出來的牙才會堅

固整齊。」

　　阿根和弟妹因為擔心成為大暴牙，便奉為圭臬，每每乖乖的照做，因此洪家的幾個孩子各個長得一口整齊的好牙。

　　為人父後，洪條根承襲父親處理孩子換牙過程的方法，兩個孩子也是美牙好齒一族。

　　由於年齡接近，阿根與大妹彩蕊最易爭吵卻對二妹彩葉友愛。童年時他常因細故動手，打得大妹哇哇啼哭地奔向父母告狀。

　　父親聽聞，只是臉色一沉對兄妹說：「兩個都到祖先牌位那裏去跪。」

　　顯少盛怒斥責，也未加鞭打的教育方法，深深影響著成長後的洪條根對孩子的教育。只是當下自覺被欺負還要連坐罰跪的彩蕊，常心有不甘地生悶氣，委屈得一把鼻涕一把眼淚，哭得異常傷心。

　　童年的鬥嘴爭執並未影響兄妹往後的情感，洪條根與其他八位弟妹至今仍相互照顧，這是父親自幼便營造的和諧與相親，也是父母離世前最大的放心。

　　阿根仍記得，童年時每逢春節父親會小賭宜情地玩兩

日天九牌，如果手氣不好他也不會沉迷，但心裡卻擔心妻子對賭博甚為反感，也常絕口不提小小的財去財空。

但若父親贏了錢，一家便有難得的「慶祝大典」。

他喜孜孜地匆匆進門，屋外斜射入廳的光線照著他的影子：「緊換衫，咱來去媽宮!」(媽宮：馬公的舊名，至今澎湖腔語仍稱該地為媽宮。)

即便背光的臉看不出表情，仍能從音調顯出喜悅，孩子們一番驚喜的譁然，各自快速地跳回房間，穿起「制服」。這個年代，最稱頭的除了學校的「卡祺衫」(學生冬季制服)，還能有哪些華服?

阿根最喜歡父親贏錢的春節，雖然車程不過十分鐘的時間，但鄉下孩子去一趟馬公街上並非想像中的容易，那裡與偏郊的烏崁小村比起來真是應有盡有熱鬧非凡。因此，即便只是去閒晃一趟甚麼也沒買得，孩子還是心滿意足，好像劉姥姥進大觀園，對每一件事都覺得新鮮。

他帶著妻小搭乘公車到馬公市區。從搭公車起，整個行程就令人興奮不已。平常搭公車的機會還真的不多，老巴士搖搖晃晃在柏油路上，一路交會的車輛屈指可數。

他喜歡暗澳(馬公鎮，東、西文舊名)這段路。

右邊的城隍廟莊嚴巍峨，路的左方是整片海洋，大海的氣息常從窗外襲來。若逢退潮，一大片裸露的潮間帶上，常有蒙面戴著斗笠的婦人三兩成群的散佈在各處，扒殼仔、撿螺⋯⋯二、三個小時下來「拘籃」(圓竹籃)裡滿滿却是收穫。

勾籃
(蔡明吉老師提供)

阿根一家人在市區下車，母親細心地為孩子選試衣服，添購新衣的欣喜用「雀躍」兩字還不足以形容。

接近中午時分，每個人的腸子開始不聽話地咕嚕咕嚕響，百貨行附近的小吃店滷味香氣散在空中，父親於是樂吱吱地帶著家人一起去「大吃」一餐。

地瓜刀

這是一年來難得的全家出遊，那一餐現在看似簡單的陽春麵，至今還在孩子心中吮指生香，在一家人的記憶裡永遠溫馨甜美。

律師性格自小有

　　初中時期的洪條根，便已展現律師特有的分析、說服、辯證等能力及性格。

　　他的阿嬤是全村公認能與神對話、能說佛語，民間所謂的仙姑。

　　宗教信仰在澎湖有相當大的力量，民間對鬼神極其尊崇，許多無主王公都被建廟供祀，許多私人神壇的壇主因被認為有神依附(稱為「神來興」)便時時會有信眾前來參拜。

　　阿嬤因被認為有這樣的能力，閒暇時便替廟裡扶侍，一些民眾感冒發燒或無緣無故不適，常被謂為犯鬼邪，都會請自己信賴的仙姑幫忙求神祈願。

　　洪條根對這些第三空間的情事頗有見地，認為「鬼」是有分類的，且名稱也有尊卑之分。在他的認知裡，年長的「靈魂」稱為大王，已婚女者為夫人，未婚女子的孤魂為花娘……從他們的尊稱就可以分辨出身分。

　　一般民眾「問神」，乩童會透過「桌頭」(乩童的即席口譯)翻譯，指示不順因何而起，或是犯了哪個大王或花娘。於是被「犯」者便也透過乩童問明所求，用各種方法祭

祀消災，病症好了或者事情順利了，需要依約還願，以求不會再「犯」而脫離災難。

　　跟在奶奶身邊，他注意到一個神奇的現象。

　　在澎湖早期的民間信仰中，許多乩童並不會說國語，但起乩後的「神話」卻常見北京腔，最後他歸納出一個原因是：這些信仰幾乎是跟著先民從中國大陸一起移入到台澎地區，說白話一點就是神明大部分也是來自大陸的「外省人」，像烏崁靖海宮供奉的五府千歲及關聖帝祖(關公關長雲)也是所謂的「外省人」。

　　這個想法在後來省籍情結被刻意挑起時，讓他更感莫名。因為在台灣的閩南人其實早期也是來自大陸地區，我們的祖先對早已定居於此的原住民而言，也是來自大陸的「外省人」，只是早到與晚到之分而已，何來台灣省與外省的對立情結？

　　初中時期，他覺得宗教信仰是封建思想，人們將鬼神話，再將神人化，彷彿他們與人相同，有愛、惡、慾的需求，因此他對生病不去看醫生卻拼命問神很不以為然。認為大家對仙姑或乩童的說法用「神來興他」是個絕妙好辭，真是手段高明的美化。在他心裡覺得充其量只不過是神鬼附

身。

　　直陳意見的個性讓他很直接的對奶奶說：這些神明到任何地方，人民都得供奉祂，妳縮衣節食、省吃儉用，殺豬宰羊祭祀，還要造王船燒給祂遊山玩水，是為求心安還是真的有受到保護？

　　他舉鄰居一位不信鬼神論者說：「隔壁鄰居沒信鬼神一家大小都相安無事，我們每天參拜，孩子卻常發燒，表示祂們知道去隔壁亂也得不到好處，來吵妳，妳會好好的祭拜祂，會燒很多紙錢給祂，所以有需求就來犯你。」

　　他企圖說服阿嬤別再迷信，有病應好好去看醫生。

　　於是常對阿嬤說：「因為妳理會祂，來犯妳就不斷可以滿足需求，所以我們家的孩子就不斷犯鬼神，不斷生病、不斷的不順利…」

　　當然，這「對鬼神大不敬」的一番話還沒說完，洪條根就被大罵了一頓。但，這也顯現他從小便能言人所不敢言，講真話，不順眼便說，不怕得罪人的批判、說理性格自小即表露無遺。

　　洪條根從小功課便名列前茅，各方面的表現也相當優異，他是興仁國小第二屆第一名的畢業生。當年村內僅他一

人考上省立馬公中學初中部，母親特別為他添購了新學校的制服還有一雙黑色皮鞋。

在國小六年期間，他幾乎沒穿過鞋子，甚至連一雙拖鞋也沒有，已相當習慣長期赤著腳在土地上行走奔跑，因此腳底的厚皮早已生繭。進入初中後，規定得穿鞋上學，腳上加了重物，又因厚繭摩擦讓他感覺非常不舒服。

當時的省立馬公中學初中部設在今日的中正國小，下課後一群初、高中職的孩子便在校園後方的馬路上候車，許多來自鄉下的孩子，之前難有皮鞋可穿，常像洪條根一樣，一出校門必定要脫了鞋子，來個「解放」雙腳才會感覺自在。

他猶記得有次生病，還是改不了赤腳的習慣，父親帶他到馬公就醫，回程途中光著腳丫進校園請假，引來許多驚訝的眼光，他心裡想著，有甚麼好看?我只是不喜歡穿鞋子而已。對於「腳上穿鞋」這件事，他還真的適應了很久才漸漸習慣。

由於國小的同學都沒有繼續升學，下課後他也習慣性地跟著同學嬉戲玩耍，尤其對棋奕更是著迷，任憑楚河漢界關關佈局，也總是局局過關斬將，在一兵一卒運籌帷幄中對時光荏苒毫無意識。

　　候兒不歸的母親常雙手後揹地突然出現在眼前，雖面無怒色，但他自知來者不善，藏在身後的藤條可能隨時翻臉不認人，也不希望母親為自己的課業擔憂，於是乖乖起身返家，母子之間只要一個眼神不須任何言語，已有要用心於課業的默契。

　　此後他認真苦讀，從不讓父母擔心，更一心想做為弟妹的好榜樣。

　　洪條根父母對孩子的教育不只要求課業，一家十數口經濟壓力沉重的他們，也從小培養孩子自我負責的生存力。

　　因此，自入初中就讀，每逢寒、暑假，洪條根必被分配一畦菜園自行播種耕耘，這片土地的收成收入，補足了他開學時的部分學費。

　　懂事的洪條根便自行研究各種蔬菜的栽種，又從父母那裡有樣學樣地自己耕作起來。播種、澆灌、施肥、除蟲，乃至如何讓它生得豐美翠綠才能賣得好價錢，他都像求學般認真鑽研，因為唯有菜園生產豐碩，家裡才有辦法擠出他的註冊費。

　　除了種植，他也得自行銷售。自耕自售，「產銷合一」是那個年代澎湖農夫必定要做的事。

　　他常在三、四點起床迎著月光採收，再以牛車載運蔬菜至六公里外的大溝頂市場(馬公啟明市場)販售，抵達市場時，常是天將破曉。

　　洪條根母親駕著牛車，母子兩坐在前板上，月光引路行在萬籟俱寂的長道。

　　這是1960年的澎204號道，沿途房舍稀少，只是木麻黃聳立兩旁。

　　夏晚，滿天星光散佈於遙遠的天河，銀盤似的圓月隨車而行，將銀光灑遍大地，空氣沁涼而舒爽。

　　冬夜，北風淒淒，母子兩瑟縮在寒氣裡，月落大地的

高中時期的洪條根

路上，僅有的一雙身影令人頓覺淒涼。

然，與母親牛車運菜，相依的走過無數月缺月圓的夜晚，在洪條根心中卻存憶著最溫馨的幸福感，即便在冬日的冷夜上，也如有暖流護身，不畏刺骨寒風。

農漁兼做籌學費

民國五十六年，馬公中學全數遷校至中華路。

五十九年，因施辦九年義務教育而再次改稱為「台灣省立馬公高級中學」，這所學校是當年澎湖最高學府，能入其門的鄉下孩子都是村中翹楚。

洪條根父親撫養一家十餘口，生活、學費壓力甚大，常不足溫飽甚至飢寒交迫。學業成績優異的洪條根熱愛讀書，但也費了九牛二虎之力才能勉強升學。

高中時期，他開始勤練書法，練就成今日蒼勁且充滿個人風格的筆法。

然而練毛筆消耗墨汁及宣紙，無餘錢購買紙墨的父親於是向里長辦公室要來舊報紙代替宣紙。洪條根則收集墨魚(花枝)的墨囊，取出囊內汁液再混合些許米酒自製成墨汁。

　　墨魚墨汁寫來的字體比市售墨汁更為油亮，在當年確是學生群中常被使用的替代品。

　　升上高中，學費更重於初中。

　　已如成人的洪條根放暑假便隨漁船出海捕魚。

　　民國五Ｏ年代氣象預測並不精準，漁船出海與否，全憑經驗豐富的耆老「看天」判斷。

　　而暑期的七、八月正是颱風好發季

早期澎湖居民用以漁捕的大目船

節，卻也是盛夏最適合出海捕魚的時節。漁民們抓住每一次可以出海的時機，賣命為生計拚搏。

　　有時海面已升波瀾，但經驗判定颱風尚遠，為求家人生計，漁民們在風起狂濤的縫隙中求生存，經常在風雨前仍冒險出海。

　　年少的洪條根求學心若渴，家裡的經濟無法讓他穩定升學，必須賺取學費的他常硬著頭皮跟隨出海，也經歷了不少險況。

　　印象最深刻的是一次黃昏出海，大目船在平波的粼粼夕照緩緩出航。搖櫓的漁夫推動船舟從圓日下滑過，畫定在舟側的雙目顯得炯炯有神，彷彿監看著海底的魚群，要讓漁人滿載歸航。

　　這大目舢舨船是早期澎湖先民討海捕魚、往返交通及貨物運輸仰賴的船運。獨特的圖騰與意象，源起於先民對神靈的信仰與崇拜，船首為兩根凸起的龍牙、順風耳、兩側圓凸千里眼、獅頭、開山鏡、及燕尾，整艘船的設計結合了宗教信仰與吉祥祈福，與舢舨船的構造融為一體，符合民間安全與營收期待。

　　這日的魚場是在夜後，烏崁里的大目舢舨船陸續搖櫓出海，天空夕陽漸漸西沉，交替月色前現出靛藍的耀眼，如回眸今日的璀璨。

　　在烏崁外海作業的舟群，為夜晚寧靜的海面帶來熱鬧與生氣，一網網的漁獲被拖拉上船，張開漁網魚體跳躍鮮活，漁人的豐收寫在臉上。

　　其實，在出海的前幾天，陸地的西南風已轉為東北風向，前兩日的黃昏，日落時的地平線下更發出數條放射狀紅藍相間的反暮光，種種跡象顯示颱風近了！

洪條根

　　但靠海為生的漁民為求一家溫飽，常與天候搶時間，命由天定。

　　這次，颱風的腳步快得讓在海上作業的漁民措手不及。

　　當滿載的漁舟正要返航，夜半的海湧卻突起波瀾。瞬間，狂風大作，驟雨傾盆，高浪四起，船舟載浮載沉在風浪間擺盪，眼前只見浪影登天，看不到地平線的漁人個個驚慌失措，只能搖櫓緊划，死命奔逃，期待能夠飛馳登岸。

　　然，浪濤打亂了原本平靜無波的節奏，像是被大勺使勁攪動亂了頻率的潮水，是地震不斷隆起又驟降的陸地，翻滾的波浪推擠舟群相互撞擊。一時舟覆人沉，海面上盡是船板與船底見天的覆舟及拚命搏浪以求最後生存的哀號，如此慘況恍如災難電影的逃生現場。

　　古早的船舟設備簡陋，遇難生存實靠運氣。

　　洪條根心繫父母，想著無論如何都要活著回去。紊亂中他抓住一塊破船板，不管浪濤由何處打來或將他硬壓入海，他始終死命的緊緊抱著那塊救命板不放。

　　好幾次他虛脫得幾乎放棄，父母焦急的影像卻在腦海浮現，那幻影更激起了他的求生意志，即便已近無意識仍毫不鬆手。

另一面，在烏崁頭的海灘上，幾乎全村聚集不畏風雨擊打的居民各個揪心苦候，愁雲慘霧的號哭悲鳴聲幾乎壓過風雨，每個人的心如天候一般陰沉。

已經與風浪搏鬥數小時的洪條根幸運的被長浪打回岸邊，母親早已淚垂滿面望眼欲穿，歷劫歸來母子倆相擁嚎啕大哭，這一幕恍如隔世，危弱的生命在大難中復又重生。

偷偷註冊大學門

1965年(民國54年)，與洪條根一起於馬公高中畢業的同學，有些已成大學生，落敗的也相約到台北補習準備翌年奮戰。

洪條根父親肩負雙親奉養與八個孩子的教育重擔，已疲於奔命，有子高中畢業已經感到光耀門楣，但無力供讀大學。

喜歡讀書的洪條根對考上大學的或能補習再戰的都心生羨慕，大學對他而言是人生中相當重要的一個目標，不能繼續升學，用「失落」兩字並不足以形容他的遺憾。

他落寞地隻身前往高雄謀職，卻立志要再升學，白晝

工作晚上讀書。每月領得的一千元薪水半數寄回家裡以供家用，另半數支應他租屋及埋首苦讀的簡約生活。

半年後他參加大學聯招，順利被輔仁大學歷史系與軍法學校法律系(今國防大學管理學院法律系)錄取。

幾經考慮，他難以負擔輔大五千元的註冊費，因此不必繳交學費且提供每個月一百多元生活費的軍法學校成了不二之選。

然祖母和父母都不贊成他從軍，雖然不會增加父親的負擔，但家中也著實需要這個長子幫忙賺錢養育弟妹。一心要再升學的洪條根於是假藉再赴高雄工作的名義偷偷北上報到。

排行老大的他，下有七個弟妹，最小的妹妹仍是幼兒，父親的負擔不能說不重。

如願以償卻深知父母辛苦。除了平日努力讀書，假日亦足不出戶閉門苦讀以節儉用錢，自己估算每月應可以省下七、八十元，但他希望能集出一筆金額讓父母稍微安心，於是仿效母親當起會首招起互助會，班上三十五位同學成為當然會員，每學期開學初期便將匯集的會錢整筆寄回家，即便當時努力求學，卻也不忘努力生財，好協助父母減輕壓力。

　　學校在台北，當時僅有華航及遠東兩家航空公司的少量班次，昂貴的機票讓他寒暑假選擇長途輾轉返鄉。他從台北搭乘最慢、最便宜的火車南下高雄再轉搭台澎輪，雖然花的時間較多卻省了一筆不小的開銷。

　　但最令人難以承受的，是開學前的離鄉，那時母親必定親自送行。

　　當啟航的汽笛聲響起，台澎輪船緩緩駛離，母親孤單揮手的身影越來越遠卻久久不去，直至形影模糊在淚垂的雙眼，他知道母親仍孤獨的在岸邊目送著早已駛離的船影。

　　這催淚又割心的場景，每年寒暑假都要接續上演。於是他努力存錢購買返鄉機票，如此便能在過關後直接進入候機室，好讓母親減少在碼頭淚送船影離開的心理折磨。

　　話說這軍法學校，名師來自台大、政大兩校，雖為軍校但並不以軍事訓練為主，思想獨立，學生都文質彬彬學習氣氛濃厚，圖書館經常人滿為患，燈火通明到深夜。來自窮鄉的洪條根自有幾分自卑，更加努力要跟上其他同學，常埋首沉浸在書堆裡。

　　然，1967(民國56)年，才成立十年，一校一系的軍法學校，奉命被併入政工幹校(其沿革為政工幹校，政治作戰學

校，今為國防大學政治作戰學院)法律系，成為該校的新系。(原軍法學校校地，於民國57年由台灣警備總司令部軍法處及國防部軍法局所屬單位遷入，今則為北市歷史建物，景美人權紀念園區。)

兩校特質完全不同，培養而成的學生氣質也自然不同。

政戰學校革命氣息濃厚，軍事訓練是學業之外另一個主要的學習項目，連生活上的細節，包括體態、儀態、穿著、行走都頗為注重。尤其貫徹學長制權威的服從，對一舉一動都要求相當嚴格，稍有不慎即會遭學長處罰。

二年級，原是大學的軍法學校被併入政戰學校，洪條根自覺被併吞心裡著實不平。入校後被編入政戰第五隊，就是一般政戰生聽聞會手腳發軟的老虎隊。

老虎隊生活上細微如指甲、手帕、儀容、坐姿無一不管，體力訓練則最為嚴謹，單槓、伏地挺身、雙槓、游泳、五千公尺長跑……極盡耗力費時之本事。

從原本自由的生活，環境驟然改變，嚴格的軍事操練及政治教育課程，佔去了大部份修習法律學科的時間。

環境的不適應，排斥感也跟著出現，尤其要接受軍事化教育他是打從心裡的心不甘情不願。也因當時軍法學校是

社會組分數相當高的一所學校，洪條根難免高傲，常不理會學長而慘遭罰站思過。

這其中，政戰學姊的要求更為強悍，對初轉來一付桀傲不遜的法律系學弟特別嚴格，遇有不知禮數的學弟，常被處罰面對大眾，舉手敬禮大喊一百次學姊好，方始罷休。

然，他們最畏懼的、最覺恐怖的還是「軍紀教練」處罰。

所謂「軍紀教練」就是戰地的各種訓練，從匍匐前進、單槓、雙槓、獨木橋、到棉被操、伏地挺身，舉凡消耗體力的各種操演懲罰，極像餐桌上菜餚一道道的出菜，盡其所能地一一上演。

被處以軍紀教練處罰的學生週日停止休假，集中成一個隊伍實施軍紀操演，而每個負責訓練的班長都有自已一套得意的「整、磨、練人」術，所採用的方式，是所謂西點軍校手段「合理的是訓練，不合理的是磨練」因此罰以軍紀教練有如進入人間煉獄，令人聞之喪膽。

軍法系的學生屬於文科，幾乎都是文弱書生。洪條根雖然從小跟著做粗活，對體能運動卻也力有未逮。伏地挺身二十個就癱軟在地，吊單槓不到十下便無力上舉，更談不上

要做打車輪的動作，初入政戰學校的洪條根簡直是體能運動的「弱雞」。

　　然，若做不到基本要求，魔鬼班長絕不會輕饒。許多筋疲力盡的學弟常被踢著要繼續硬撐，體力耗盡的同時更感覺猶如進入人間煉獄。

　　縱然體能訓練屈居弱勢，洪條根對每天晚上晚點名後，要自選一棵樹拉開嗓門、壓低喉結，大聲嘶喊「立正、稍息」口令的訓練，倒是蠻認真揣摩。如何發出宏偉的音量又如何才能正確地保持氣勢，拉高拉長聲調，他不僅反覆練習，也用心體會其中要領，長久下來對自己喊口令的功力深具信心。

　　後來在小港高中、前鎮高中以及高雄中學擔任家長會副會長時，甚或在表揚他為傑出校友的母校馬公高中的校慶會場，只要看到丹田無力的司儀，洪條根都會忍不住親自現場示範，常因此引來熱烈讚和的掌聲。

　　政戰學校是專做保防及思想教育的典型學校，極度嚴格思想考核，來此就讀要懂得歌功頌德。然，洪條根自小就很有自己的想法，因此常批評校事，一付桀傲不遜的樣子，在思想教育嚴謹的政戰學校，他猶如異類的特殊學生，操性

成績常面臨退學邊緣，即便功課再好，也可能因此畢不了業。

隨著年齡漸長，他開始體認身為革命軍人，一定要接受嚴苛的訓練與磨練，才能成為國家的幹才。

因為觀念改變，對學校的看法也漸漸正向。大四那一年的行憲紀念日前夕，老虎隊隊長特別叮囑學生「24日的平安夜雖然放假，但規定不得參加舞會，不可狂歡作樂。」

至於這個中外慶典並存的節日，他心裡早對民眾大肆慶祝源於國外的聖誕節，卻漠視屬於自己國家的行憲紀念日感到不解，於是寫了《憲誕乎!聖誕乎!》投稿復興崗報刊，幸運的被以社論的篇幅刊出。

隊長看了這篇文章非常感動，立刻約談他並表示欣賞他的文采與想法。自此舉凡學校舉辦的各種活動，隊長都有心地指定他去參與，年歲越長，愛國觀念越形強烈的洪條根，操性成績也從低空掠過的六十幾分，彈簧似地跳升到接近圓滿的九十五分。

懷抱著革命愛國情懷的洪條根，接受了隊長的薰陶與訓練，思想觀念真的已經徹底改變。

復興崗的冬季氣溫低濕，寒冷異常。洪條根每每在清

晨五時即起，用冰冷的水洗臉喚醒自己，然後再到教室閱讀自修。澎湖小地方的清寒子弟能夠挺進大學窄門，他更懂得珍惜且認真。

所就讀的法律系，為培養辯文訴狀的能力極其注重文學素養。為了充實文筆，讓自己將來在撰寫訴狀時能掌握關鍵、且能鞭辟入裡，洪條根標買班上舊報紙，將其分類剪報後裝訂成冊。因長年讀報，每日勤於研讀且能深入底蘊，時日一久，便寫得一手好字也頗具文采。

他自覺讀政戰學校時是人生收穫最多的時期，出社會後對國事的參與度、關心度，都是在政戰學校被薰陶培育出來的。雖然當時受到許多辛苦非人的嚴格訓練，但今天看來對人生長路相當有幫助。

判生判死心交戰

政治作戰學校法律系畢業後，他擔任十年軍法官工作，印象最深刻的是台中谷關師部一個營區士兵半夜攜械逃亡的案子。

事件發生的前幾個月，正逢台北博愛銀樓搶案。澎湖

雷達站(俗稱白球)兩士兵，休假時利用早期船運海關安檢設備欠缺的漏洞，解體槍枝以寄貨的方式海運回台，犯下了結夥搶劫唯一死刑的重罪。

那是民國六O年代歷年最大的搶案，更因博愛銀樓正好位於總統府不遠處，引起社會相當大的震撼與轟動。

這士兵不知是否有樣學樣鋌而走險?

他從谷關搭車到台中，路程中經過幾處崗哨都安然過關。

到台中火車站時他耐心等候到半夜，選擇先到交通大旅社作案。三更半夜攜槍而來的搶匪，嚇壞了旅社櫃台人員。服務人員告知房客尚未結帳並無現金，於是他要商家盡速籌款，便轉往另一家旅社準備行搶。

同時，交通大旅舍已趁隙報警。警憲單位展開搜尋，

士兵聞風逃逸，雙方在台中火車站前發生激烈的槍戰，所幸未有人員傷亡。

倉皇中，士兵逃離至南投集集的山上躲避，一上山便解體槍枝，軍方派兩營人馬展開地毯式搜山，當夜便將他手到擒來。

當時負責起訴的檢察官就是洪條根，起訴後交由軍事法庭審判，三個審判官一致決議判處死刑。

但洪條根認為該士兵雖有開槍但無意傷人，行搶也未得逞，又或因良心未泯無反擊傷人之意，或因懺悔自動解體槍枝，被逮捕時，束手就擒並無反抗，犯後態度良好，判死顯然過重。

當師長詢問意見時，他明白表示罪不及死，盼能建議改為無期徒刑。

此案一路上訴到國防部，最後仍遭駁回，維持原判死刑並由檢察官負責執行。

那天，谷關溪畔冷風蕭蕭，深秋的林內落葉鋪地，濕潤寒涼。依稀聽得見蟲鳴與雛鳥啁啾，靜謐的氛圍卻欲奪人命。

這裡是攜械搶劫未成士兵的刑場，在林木遍佈、流水

洪條根

潺潺的溪邊，綠衣士兵成群密佈掩去黃葉繽紛。谷關營區隊內近三千現役軍、士兵，列隊在場觀刑，心情猶如腳下秋葉般枯黃。

洪條根帶著法醫、書記官對受刑者驗明正身，空氣屏息凝結僵止。

不多時，槍聲驚飛了林鳥，嘩然振翅散去，森木再次平靜卻漠漠冷然。

軍法嚴格嚴酷，尤其在戒嚴時期的軍人更是小過難逃大典。

謹記母親叮嚀：法內施仁、法外施恩。外表看來剛強、得理不饒人的洪條根，其實心地善良柔軟。面臨唯一死刑的重案時，常讓他徹夜煎熬難定，斗室徘徊內心掙扎，天人交戰至天明，人命關天的壓力判生判死確實嚙咬人心。

他珍惜生命，總認為罪非不可饒者，是可寬恕，而罪大惡極者當不能姑息。對於目前議論紛紛的廢死議題，更主張死刑只能限縮不能廢。他認為與人命無關的犯罪案件不應執行死刑，與人命有關的案件死刑判決仍應保留。否則犯罪人重人權，被害人的人權又何在？

因其，寬待輕犯者，嚴處重犯者的作法，與凡事重處

的軍法系統長官及其他軍法官每有意見相左，時起爭執。軍法官十年仍難適應，便申請退伍。

少校退伍的洪條根參加律師考試一試中第，如願加入律師的執業生涯。

民國七十四(1985)年、七十五年及七十八年，洪條根分別參加國民黨國大代表，縣長、立法委員的黨內初選落敗後，七十八年他便脫黨參選立法委員，與時任立委的陳癸淼一拚上下。

雖然對黨失望，選舉時他仍穿著印有國民黨黨徽的服裝，大聲呼喊「和平、奮鬥、救國民黨」，並於國父銅像前哭靈誓師。以其個性若順利當選必定是溫和藍軍中一匹出色的戰將，然此戰落敗，也讓洪條根徹底死了從政的心。

其實在他初選落敗，綠黨早已積極招手，黨主席許信良偕秘書長張俊宏三顧茅廬，遊說加入，但他極力反對台獨主張，且志在救國民黨，並不為所動。在當年許多無龐大資產可以投入選舉的律師紛紛投靠民進黨，及至目前牆頭草兩面靠的人仍大有人在，他仍堅持自己的立場，未因對政治的熱衷而出賣靈魂，在現今社會確實不易。

落選後，洪條根離開澎湖來到高雄，視野更為廣闊。

執業律師近三十五年，他經歷了七十八、七十九年司法風紀的黑暗期。凡事仗義執言，洪條根在法務部長施啟揚、蕭天讚、呂有文等人主持的會議中，砲火猛烈地抨擊司法貪瀆與腐敗，昱日新聞媒體頭版連篇報導，從此「司法大砲」的封號便成了洪條根的別名。

不僅如此，他與歷任司法院長都有尖銳的對話與建言。若有敗壞風氣的執法者，他也毫不畏懼地指名道姓公開譴責，甚或召開記者會批評某些法官的不公與亂判。

不畏強權好律師

自民國六十九年四月至今，三十五年的律師生涯，洪條根接過很多死案又被他打活的案子，也有許多雖未大勝卻讓他深有成就感及記憶深刻的例子，尤其遇到不貪贓枉法、正直無私的好法官，這仗打來才更有成就感。

他謙虛不居功地將勝訴的功勞都歸給法官，不言自己的付出，卻舉了幾個遇到好法官的例子。

民國七十九年左右，墾丁核三廠進行中的防護工程，兩度遭受颱風侵襲致幾乎全毀，上級追究責成立專案小組展

開調查。

調查後認為工程設計有重大瑕疵，是為圖利廠商，負責該項業務設計與發包的科長遭檢察官起訴。一審時高雄地方法院認為科長確有重大過失，卻假借颱風掩飾、逃避、推卸責任，因此以貪汙定罪，判刑四年。被告科長委託洪條根，希望代為洗清罪名。

由於核三廠的防護工程相當繁複，事情經過又多曲折，而所謂隔行如隔山，許多專業及專有名詞不易理解，令他頗為困擾。

於是洪條根請該位科長以簡報方式詳述，以便自己能深入了解案情細節與工程情境。

這個簡報足足花了八個小時的時間，從白晝至黑夜，中間未有停頓，甚至也犧牲了所有用餐時間，科長細說從頭，前因後果娓娓道來。他專心為洗刷自己清白侃侃陳述，說明自己的設計，說明工程經過，說明遭遇兩次颱風摧殘後又是如何復工。洪條根也都全神灌注傾聽，希望能理出個所以然。時間在指縫中溜走，兩個認真投入的人不知渴急、不知飢餓。

他評估因兩次颱風介入，著實很難將過失全歸咎於科

長，於是上訴至台南高分院。

　　洪條根對當年的台南高分院並無太好印象，他認為在賄賂公行的年代，傳聞該院是有名的收賄法庭，雖然也有許多清廉的好法官，但是否能遇上，端看被告的運氣。

　　負責審理該案的是林水木法官，一開庭洪便向審判法官報告，自己光聽簡報便足足花了八小時時間才略知梗概，如此繁複、有深度的工程，以法院每日審案滿滿，一庭僅能以一、二十分鐘的時間來斷此案件，絕對無法真正釐清事情的責任歸屬。

　　洪條根強調，此案事關被告的前途與清譽，若判刑確定，便斷了他的公務生涯且前途必毀，茲事體大，不能草率行事。

　　他要求法官專開一庭，給他三個小時的時間，讓他濃縮簡報給法官知曉案情經過，以利法官作出正確判斷。

　　經過審慎思考，法官點頭同意了!在人權尚未受到高度重視的年代，光憑口頭說理居然能讓法官為一個案子特別開庭，洪條根感動莫名，非常敬佩。

　　這次案件能反敗為勝，除了歸功洪條根分析事理的精確及無礙辯才，林水木的清廉與事理分明，以人民權益為要

洪條根

地願意專門開庭審理，深入了解案情以便做出正確的判斷，確為重要關鍵。

　　洪條根要自己在心裡深深記得這位好法官，林水木後來官運亨通，短期內便高升為台北地方法院院長。

　　另外，他又舉最近剛經歷三審一路敗訴，發回更審後反敗為勝的案例。

　　該案的當事人為澎湖籍旅高鄉親，三年前他近四十歲未婚的兒子被控性侵十六歲以下女性。

　　這位常以買春解決性需求的未婚被告，一次自網路應召站買春，在汽車旅館聊天時女孩稱自己十五歲卻無身分證件證明。他雖然懷疑眼前打扮成熟入時的女子是開玩笑，但因長期買春已熟知法令，不敢貿然性交，因此未完成交易便將她載回商務旅館。

　　這女孩其實是以賣淫為業的國中輟學生，警方早已將其列管。

　　一個小時後警察臨檢商務旅館，將她帶回派出所製作筆錄，女子坦言方才因疲累且心情低落被一男子帶至汽車旅館，她拒絕男方要求但對方以手指侵入下體。

　　此言一出，中輟生從非法賣春轉變成性侵受害者，社

工開始介入，她雖無意提告，但與未滿16歲之男女性交為公訴罪並非告訴乃論，於是男子遭檢方起訴。

這個案子，洪條根仔細觀看筆錄過程的錄影帶，女孩自始至終一副嘻笑自若的態度，有時暗自竊笑，無驚恐憤怒或害怕哭泣的反應，根本不像一般被害、被侵犯的反應。且據查該女孩在汽車旅館並無受害喊叫，返回居住的處所亦未對男友及其他人哭訴，一副若無其事的模樣，認為有違常理。且據身體檢查，其受侵受傷部位驗傷結果大有出入。

他評估女孩因警方追蹤其違法行為，擔心再被拘留，因此轉以性侵被害人身分逃避推卸賣淫刑責。

一審辯論時，女孩由社工陪同，透過視訊由法庭問案，檢察官詰問，她接以忘記推卸，問不出所以然，但法官問案態度一面倒地偏袒。

洪條根擔心自己詰問時依然如此，這案子定成敗局，於是翻出警方所提供的，她之前於屏東賣淫被逮捕的案子筆錄。

筆錄中女孩承認自己以性交易維生供養男友，交易前甚至請男友先過濾來者長相及車級，對男客相當挑剔，由於她未成年，許多尋芳客因此被判刑，而她屢次被送往中途學

校安置收容，多次出來後又繼續賣春。

由於檢察官及法官都輕忽這些筆錄，當洪條根以此聲東擊西地詢問她是否曾從事性交易時，審判長甚至凶狠地大聲惡言制止律師，說：「這與本案無關，不准問，她哪來賣淫的事？」

洪見時機已然成熟，沉穩且客氣地要他們翻到其中一件筆錄，女孩陳述事實的那一頁。

他先不動怒，逐字唸完筆錄內容後，大聲地嚇問女孩「有沒有賣淫這回事？」

於此，僵局突破。女孩再無檢察官、審判長一問三不知的狀況，由律師主導，心防突破後，講出事實。

這案子纏訟三年，身為辯護律師的洪條根非常犀利，每庭都跟法官據理力爭，於高雄地方法院一審時，甚至遭石姓及吳姓審判長及檢察官圍剿，場場都是驚滔駭浪。

然，即便已舉出許多有利事證，法官仍未查證，這案子一路判刑。從地方法院的三年十個月，至上訴高等法院判三年兩個月，皆認定性侵事實。

他上訴高等法院後發回更審，一審、二審皆判有罪，上訴高等法院更需言之有理、更具說服力，否則無法輕易改

判。

在更審庭黃建榮法官前，他痛罵一審及二審法官，違反邏輯居然仍判重罪，說難怪人民對法院不信任高達百分之七十五，民怨是法院自己造成，他痛斥專業法官的判斷能力比一般人民還低。

洪條根曾在他案與黃建榮交鋒過。

幾年前受託辯護一個毒品案件，要找來一位在澎湖服刑的人犯作證，黃建榮原想讓證人於澎湖法院以視訊開庭，洪認為當庭詰問不管眼神交會，或問話的感覺與隔空視訊問話有所不同，因此堅持押回作證，檢察官擔心過程中恐讓人犯有機會逃脫並不同意如此做，洪條根於是便祭出，若不能當庭詰問，他將解除委任，退庭抗議的撒手鐧。

黃建榮於是與合議庭評議是否需要，於恢復開庭後，接受押回人犯至高雄作證。

後來，黃建榮在一次主持座談會時，當場對百位到場律師說：「律師們都要像洪條根一樣有氣魄，為了當事人的權益敢與法院抗爭，善盡該說的職責，洪條根就曾這樣做過，後來我覺得有理便屈服，這就是律師要發揮的典範，大家都要學習。」

　　因此，洪條根對這樣一位的行事作風正直的法官非常有信心。

　　黃建榮審理這個案子時相當仔細地要找出有力證據，因此移送心理醫師測驗，鑑定結論卻是女孩有被害症候群，反而不利被告。

　　洪條根再次在法庭上與檢察官展開激辯，檢察官一口咬定檢測結果的正確性，他則反駁案子初發生時筆錄及偵查、開庭時女孩輕蔑的態度，若有創傷應在當時，事過三年才評鑑出的創傷症候群實與本案無關，他攻擊檢察官故意遮掩對被告有利的事證，卻放大與事實無關的檢驗結果。

　　在法庭中他甚至舉出美國陪審團的例子，指出若在當地，陪審團早判無罪，但本地專業的法官卻作有違常理的判決，違反邏輯的案子居然也判有罪，相當離譜。

　　黃建榮在激辯後撤銷原判，改判被告無罪，洪條根終於稍微鬆了一口氣，然檢查官不服再行上訴，近日卻被駁回，無罪確定。

　　歷時三年，自一審、二審、發回更審再三審的案件終於落幕，他直言過程中猶如洗三溫暖。

　　此案的成就感除了來自於反敗為勝的喜悅，委託者在

兩度被重判後仍始終不疑，一路信任律師也令人感動。大砲
性格的洪條根更不諱言，最大成就感是每次在審查庭中為維
護委託人的權益、為司法正義而一路毫不假詞色、淋漓盡致
地與審查法官激辯，到最後終於讓法官信服的那種快感。

　　「律師不要只為勝敗，要秉持正義感而不畏懼，只問
自己該做甚麼事，盡其在我，勇敢去做就對了！」洪條根如
此認為。

　　他的學生常驚訝地問：「老師!怎麼你庭庭都驚滔駭浪
啊？這膽量又該如何學習？」

　　他說據理力爭是律師的本分。

　　律師就是當事人的打手，許多律師到法庭看到法官會
有畏懼感，如此便弱了自己，更無法為受託者義正詞嚴，善
盡本分。

　　洪條根覺得當律師相當有成就感，符合自己伸張正義
的個性，立即且長時間都可以發揮其路見不平拔刀相助的本
性。

　　他，果真生來就是要當律師，命運讓他因經濟能力不
足而無法就讀私立的輔仁大學歷史系，轉讀公立的軍法學
校，是依循著他的性格，逐步完成他人生至高的成就。

藝術文采皆有才

律師業務蒸蒸日上，洪條
根便積極參與投入各項活動。
他分別擔任高雄市各級家長協
會理事長、各級學校長期法律
顧問、教育局教師申訴委員會
委員、高中職校長遴選委員會
委員⋯⋯期間，將法律知識帶
入校園，讓青春期的學子對基
本法律稍有概念，不致誤觸法
網。也參加同濟會等各種公益
團體，為社會盡一份心力。

藝術文采皆有才的洪條根

看似剛毅的洪條根其實在藝術界頗有名氣，音樂、戲
劇、書法、文學幾乎都有涉獵。他的口才極佳，能說能唱，
常在主持活動會場上，妙趣橫生地讓現場笑聲滿滿，與外在
的嚴肅形象判若兩人。

他的文筆時而激昂、時而感性。

父母離世，洪條根於守靈時落筆成文的兩篇回憶、感

念親恩的守靈記，讀來令人懸淚欲垂；母校六十周年慶，撰寫了「六十風霜懷母校 今朝雨露憶師恩」刊載於澎湖幾個地方報紙，並將母校創校一甲子點點滴滴，創作優雅感性誦詞裱贈母校：

大城屹屹，臺海泱泱；雙頭西掛，烏崁東方。

開澎進士，蓋島同光；兵荒馬亂，國難興邦。

弦歌不輟，桃李芬芳；師恩浩大，學子名揚。

地靈人傑，雨露風霜；六十創校，萬載康莊。

　　這讓觀展的校友，莫不稱頌洪條根斐然成章，書法勁道更是玄妙入神，直逼大師。

　　其實，認識洪條根的人沒有不知道他對書寫情境的要求的。除了高雄的住宅，澎湖老家的二樓儼然就是他精心為自己籌設的寫字樓。

　　寬闊的廳堂掛滿他與愛妻的作品，許多愛妻的水墨畫作他便以小楷題辭，筆觸雅致與大楷的豪氣成就出另一種細膩風格。這妻畫夫書，儼然唐明皇與李鳳姊「皇帝題詩，皇后繡鳳」般的夫唱婦隨，令人羨煞。

　　堂中，大氣的文房四寶穩實靜臥案上，展現出主人寬大胸懷與創作時的脫塵卻俗。

　　他常常落筆成詩，感時情懷的諷諭世事，有時揚禪美韻，文字與個性一般豪邁的洪條根，以獨樹一格的洪氏墨法，書來幅幅皆成難得的藝術品，每年固定於高雄文化中

心、陸軍官校等地舉辦展覽以饗同
好與愛好藝術的大眾。

　　此外，由於對藝術的熱愛，他
也陸續擔任國樂基金會董事長、高
雄文化中心說唱藝術團團長等，並
不時贊助音樂團體演出，更創作
《美哉台灣》、《我們的國旗》、
《愛河之夢》等多首歌詞，展現了
他對國家、對地方的赤忱與愛，在
高雄的藝文界多數都知道洪律師熱

愛藝術與音樂，而封予音樂狂人的雅號。

　　熱愛古典藝術的洪條根始終有根的觀念，不容自己數

高雄的藝文界封予音樂狂人的雅號

典忘祖。

　　2002年，隨台
灣六桂宗親總會前
往福建泉州參加第
七屆六桂宗親懇親
大會，深刻體會中
華民族本是一家的

血濃於水的認同感；
2004年受荐參加第四屆
河洛文化國際研討會，
15分鐘的發表時間，為
他贏得了四次如雷的熱
烈掌聲；2007年台灣、
金門20位書法家應北京

書法界之邀，赴萬里長城居庸關參加百位書法家揮毫百米長
卷，洪條根詩興大發即興吟作，書法家紛紛作詞應和，一時
間詩香洋溢千里，對應長城的萬丈，恍若太白依稀玉樹臨
風，衣袂飄飄隨風而至。

洪條根(右二)，為故鄉
熱血參加反核廢料活動

　　其實即便離開國民黨、離開熱衷二十幾年的政治而廣涉藝術，但他一樣心繫黨國，憂國憂民的愛國情懷仍澎湃胸中。

　　這從他許多大動作的作為可觀一、二。

　　2014年九合一大選、2016年大選前，他寄了數封信給馬英九，不但列舉馬英九六大罪狀，總統大選前五天更去函力陳馬英九要下臺救黨國；2015年6月，曾經擔任過王金平助選員的他更去函力勸裸退，別再「歹戲拖棚」期能留下優美身影。

　　對近日綠黨清算國民黨黨產的政治問題，他痛批目前政府若不承認「九二共識、一中原則」，那就應該中歸中、台歸台，把過去國民黨從大陸帶來的黃金、故宮珍寶與國寶通通歸還給中國大陸，別一方面不認同，一方面卻要從中獲取好處。

　　他對土地的熱愛也充分表現在行動上。

　　2009年旅台東吉村民發起「反核料，救東吉、救澎湖、救故鄉」，他綁著布條到場支持；遷居高雄近二十年，他也愛這個第二故鄉，涉嫌貪瀆的前總統南下取暖，在深綠的場子他毫無畏懼地突破重圍大聲嗆扁；高雄氣爆後，對承

認路過時曾見冒煙狀況，卻未即時警覺查明情況，未果斷下令所屬關閉相關管線致釀成世紀大災的陳菊，更直言「應負起比李長榮化工更大的責任」，並舉出《中華民國刑法》中對公務員未盡職責的「廢弛職務釀成災害罪」條例，指陳菊不只該下台更該懲罪。

遇事不懼，仗義執言慷慨以陳的大砲性格始終未變。

因此任職國中英語教師一職的妻子每與他出席活動，便緊張萬分，深怕丈夫

妻子(右二)每與他出席活動，便緊張萬分。

又要說甚麼得罪人的話，或又會出甚麼驚人之語。

他笑稱結婚35年，每在活動返家後就要接受妻子的「檢討」，圈圈點點地「指示」，哪段說得絕妙，哪段說得令她心驚。

然，真性情的洪條根無論如何「警惕」自己，遇事不陳便不是大家熟悉的洪條根，因此為國為地方，他依然不改慷慨激昂。

洪條根

　　洪條根的真性情表現在他的言談中，2017年1月22日高
雄西瀛畫會年度展出的開幕典禮上，他致詞時對故鄉人與風
搏鬥塑造出的蒼涼與韌性多有詮釋；傍晚中華民國同濟總會
高屏A區高雄會的月例會中，他對初創業的年輕會員喊話
「捐款不必追高」，細膩，以人心、人性為出發點的待人處
事原則與大砲的行想判若兩人，反而符合他對藝術的執著與
柔軟。

　　不忘根本一直是洪條根處事的信念，他深愛自己居住
過的每個地方，尤其是故鄉澎湖。父母親在世時，有一段時

中華民國同濟總會高
屏A區高雄會的月例

間他遷回澎湖執業,即便遷居高雄,也時時返鄉侍親問候,身為長子,與父母的情感可以從他們離世時,他撰寫的兩篇祭文探知深度。

孝心有目共睹,愛鄉之心懇切深重,即便父母已不在人間,洪條根仍常回澎湖踏尋自己成長的足跡,尤其只要母校興仁國小與馬公高中有重要活動,幾乎是必到的座上賓。

而每次返鄉,他必定在忙碌的行程中獨留小段回家沉靜的時間,那棟位於烏崁的宅邸,是他童年成長的土地,翻修後儼如清幽大院。

父親親手種植的欖仁樹猶然龐覆綠蔭;邊坡的野田,花生和地瓜農作已替換成交錯的銀合歡;旱田多添了新舍掩去空曠。

遠處烏崁和鎖港中間的這片屬於興仁的土地與海灣,早期雙頭掛居民秋季照丁香的漁火已不復見,風景卻依舊秀麗,莊嚴巍峨的懷恩堂靜靜地在灣內廣視大海。

那是父母最後的居地,離家不遠視線可及,彷彿他們依舊在此海捕與田耕。如此眷戀,讓歸鄉成了反射動作,只要一回到家,便能回到那記憶深處,怎也不願褪去的童年……

思 念 組 曲

圖·文 / 沈淩

(一)

你一定不懂　什麼是痛

否則

怎忍無情地　將它留給我

(二)

思念是一把刀

不切魚　不切肉

切割的是你的靈魂

你寂寞底心

(三)

離去後　我們默默無言

僅把長長底思念

寫在不願休止的風鈴

(四)

你想用一把長尺

丈量我的思念到底有多深

卻夠不著　那黑暗深淵

葉萬教

家貧流落救濟院　奮發努力躍前端
感恩回饋鄉里的葉萬教

　　盛夏溽暑，硓𥑮石牆層層圈圍列隊著翠綠高麗菜底田宅。仰角之上，烈陽拔箭射出，落地燃煙，赤焰焰地緊咬旱土燒燙塵泥。

　　鎮東的村落車馬不喧，寧靜成一幅靜畫。

　　菜宅內老婦除雜，扒出沙沙輕響，畚箕井中水色清澈，魚弄白雲濺起噗通！

　　遠遠，一架航機步步逼近，轟然掩去所有聲息。近逼，魚白巨腹與引擎，聲震心脈復砰然降落，尾音拉長漸去漸遠，村巷復歸寧靜……

蔡惠芩攝

罔市招弟男晚到

人生婉若履山涉水，總得要經歷起落高低，童年身處困苦，歷練那一身煎熬，稚幼的心、弱小的身軀，難以承受碩大底無情，然走過崎嶇的孩子，跨出窄框便覺前景一片光明，陡坡或險降也只是生命中小小的插曲，再不平的路也必將甘之如飴……

乍聞他的名字，許多人以為是虔誠的教徒為子命名。

出生於澎湖縣馬公市烏崁里的葉萬教，談起他的名字可還是段有趣的典故。

他上有罔市(台語音，意為勉強養著)、招弟(招來弟弟)、葉滿(女孩到此已滿別再來了)三個姊姊，每個名字都傳達傳統社會重男輕女的觀念。

好不容易第四胎終於生出個男生，欣喜之餘取名為萬教，意喻這個男孩來得還真晚(閩南語「慢到」的諧音)。

這個晚到的男孩，為葉家開啟男丁之門。

二弟順利出生，取名為萬順，也意喻順順地多生男

孩。

　　隔兩年果真如願地又生下了第三個男丁，三男三女，又是吉祥的六數，再不必擔心生男生女的問題，可說是清心了，於是取名萬清。

　　這樣完美的數字，葉萬教父母很是滿意。

　　五零年代政府開推節育宣導，葉家孩子的數量本該就此打住，但為父的聽聞那些方法大傷身體，不忍妻子身體受害未採取避孕。因為當時的傳聞致使節育措施推得並不成功，許多家庭還是希望多子多孫。

　　葉萬教家也不惶多讓，萬能、雙春和么弟萬全陸續出生，九個孩子在烏崁村內四合院的小廂房裡進進出出熱鬧非凡。

童年的葉萬教與弟弟妹妹們

　　澎湖各地的地名也與葉萬教的家族一樣，都有其歷史淵源。

　　比如地名中有「崁」字的，大都是地形中土地高低落差有一定差距，頗似個小懸崖(崁的澎湖腔音與閩南語動詞

「蓋」唸法相同)。大赤崁、小赤崁、二崁等地的命名皆由此而來。

而烏崁的命名，史料記載其源自清初，意喻該處海岸為一個懸崖地形。

當日出東方，自崁頂向海面瞭望，由於深度極深且為背光面的影響，太陽照射下的沿海海面反映出烏黑水色；傍晚，夕陽西下，位在馬公最東方的這個地方，崁圍呈現黑色背光面，皆與「黑」有很大的淵源。

而黑的澎湖腔音即為同意的「烏」字，因此該地命名為「烏崁」。

由於原名即為兩字，在國民政府時期，將村名統一規定為兩個字時，即予沿用並未更名，因此烏崁地名一用已逾數百年。

這個地方，位在馬公至湖西的204號道上，地處馬公市東邊最尾端。村落東南方靠海，與興仁里的海岸連成一氣，也是同市唯一相鄰的村里。

烏崁東北及北方的土地與湖西相接，馬公機場跑道起點在此，向北延伸至湖西鄉的隘門等地。

這裡是飛機下降及起飛的航道，隨著鄉親赴台求學、

工作及旅遊業的發達，班機流量逐漸增多，夏季每小時便可見多次偌大的機腹從頂上低飛而過，帶來壓迫感與高分貝噪音，一般人難以承受，但在這個地方成長的孩子樂天知命，對這噪音卻再習慣不過了！

快樂童年不識窮

民國50年，葉萬教在這裡出生，他的父親從事漁業，擁有一艘雖不足以致富，但得以養家餬口的小漁船。

當年的澎湖因地處偏遠，土地乾旱作物有限，海洋資源雖豐卻用最傳統、最環保的捕魚方式，魚獲量不大也少銷售島外，因此經濟普遍低落。

而葉家這一支的祖先，從老祖宗開始就是清貧世家。在他印象中，長輩常形容自己的祖先是「鐵」祖先，未能留下讓子孫吃、穿無虞的財產。（「鐵」，窮的澎湖腔發音，單音為三聲「傘」，此處連字音唸四聲「散」）

小學時期的萬教，九個兄弟姊妹與父母擠住在小廂房，睡覺時常得頭腳交錯，穿插躺下。

從小好動，萬教每次都被阿母數落「連睏嘛無定

著」。(澎湖腔語。睏:睡覺。無定著:指小孩子不安定,無法安靜下來)

幾個小孩就他最會滾輪,一覺醒來原本排列整齊的睡形,硬像是被推倒的保齡球瓶東倒西歪。孩子們若無其事睡得香甜,倒是辛苦了父母,晚上睡不好,白天還得撐著工作,常是睡眼惺忪精神不濟。

孩子慢慢長大,廂房的小床早已擠不下一家人,每到晚上總要有部分成員以地為床,一塊簡單的草蓆,擠下好幾個孩子,雖然炎夏時還清涼舒爽,但到了冬天,地下的寒氣上升透膚刺骨,加上破舊的棉被本難禦寒,漫漫長夜常沒幾晚好眠。

於是父親賣掉小船,打算用這筆錢蓋間可以讓孩子安身的房子。但與兄弟協調興建房舍的土地卻毫無著落,蓋新房之日遙遙無期。

在記憶中阿教曾聽母親描述過,這筆錢父親後來無條件資助剛返澎經營海軍相關用品,事業正待起步的姑丈,只是當時事業並不順利,錢就從此慢慢變薄歸零,姑丈對這件事也深覺愧疚,後來事業慢慢有成,也不忘對這些已經成長獨立的孩子照顧。

　　賣了漁船，萬教的父親受僱於他船，擔任漁工。捕魚是看天吃飯的工作，難以固定，尤其是漁工與自有小船，獲利不同，所分得的漁獲相對不多。

　　三天捕魚兩天曬網又分得不多，收入並不穩定，難以讓九個嗷嗷待哺的孩子溫飽，加上曾經一次海上的驚險遭遇，讓他選擇放棄捕魚工作。

　　萬教父親最後一次出海那年才四十五歲，身體狀況良好，仍是壯年。

　　但大海的多變最難預料，有一日船行出港開始作業，沒多久便遇上暴烈的風雨，這次出海，人稱番薯的葉石盤被捲入海底差點回不來。歷劫歸來，他想著自己萬一出事，妻子和九個孩子將何以依靠？因此，決心不再加入漁夫行列，轉為務農，開始嘗試種植一些簡單易植的農作物。

　　島嶼的作物受氣候限制，土豆和地瓜是最大宗也是最典型的代表；另外，冬季的高麗菜、花椰菜、紅蘿蔔、白蘿蔔容易生長；常見的葉菜類山茼蒿、空心菜、白菜、油菜、菠菜等，是當年比較適種的植物。

　　尤其是高麗菜，烏崁特有的土質與種植方式不僅種出甘美的原味，體型更是巨碩無比。

　　爺爺和父母親都從事農業工作，葉萬教和兄弟姊妹們難免要幫忙種植及收成。

　　農曆春節初三，許多孩子穿著新衣，紅的、綠的、花的，開心地在靖海宮廟埕玩耍。

　　這時節，澎湖的天空尚且籠罩在冬季遺下的灰濛，北風仍呼嘯未止。

　　萬教手中抓著好不容易擁有的兩個一毛錢，喜孜孜地擠進圍圈抽牌仔的孩子群。80當抽當的盒子裡躺著印有黑白乳牛的長型牛奶糖，光看那頭乳牛，少有零時可以吃的萬教，口水就差點垂地。

　　他拿起抽牌，將手上烙著素心蘭圖形的壹角錫幣，交給抽當的「小老闆」，揚起嘴角爽快地說：「一毛錢抽兩張。」

　　之後在那張已經有許多空洞的紙抽牌，左點右點口中念念有詞地算起紙牌：「指指指拿舖……」他深信這樣點算中獎率最高，圍繞關心的孩子卻迫不及待。（「拿舖」:芭樂

的澎湖腔音)

　　扯下兩張紙牌，萬教用雙手的食指和拇指抓住其中一張的兩端前後揉搓，再以大拇指的指甲扒開。

　　「37號單數沒中！」長得有些油肥的小老闆高興得喊出聲來。

　　民國五十幾年，春節要能買上一盒「烏肉雞」來讓村內孩子抽的，家境定是不差。但這小老闆素聞葉萬教的殺氣，真擔心牛奶糖就這麼給他抽光了！(澎湖孩子稱抽當為「烏肉雞」-閩南語發音，音似「歐罵ㄍㄟ」)

　　葉萬教的運氣在小孩群中是有目共睹的，每次玩圓牌，他總是能用少少的幾張贏回一大把，雖然沒有零用錢可買紙牌，但就別讓他在地上給撿著幾張，單靠這些他就能贏回一疊。

　　看到37這個數字，孩子們都有些失望，睜大眼睛的看著萬教手中僅剩的那張抽排，倒是阿教生性自在，不那麼在意得失。

　　就因為這樣的隨興，好運總會降臨在他身上。

　　「56號耶！萬教抽中了！萬教抽中了！」一旁的阿城像自己中了大獎般手舞足蹈，就差沒敲鑼打鼓大肆宣傳一

番，其他孩子也忍不住歡呼起來。

　　萬教抓起一片牛奶糖，迫不及待地打開塑膠包裝袋含了一口，感受這一年一次的牛奶糖滋味還真香濃。

　　正當他還沉醉在牛奶糖甜滋滋的幸福裡，阿城一個箭步衝到前方：「萬教借我舔一口啦！」

　　他二話不說把牛奶糖送到阿城嘴邊，阿城將嘴巴就向牛奶糖，用力地吸了一下滿足地笑著，正想伸出舌頭再舔一次，旁邊的孩子也紛紛央求：「我也要啦！」

　　阿教大方地讓每個孩子都含上一口，本來長長方方的牛奶片尾端被溶解成梯型的坡度後，再度回到萬教口中。

　　含著那片牛奶糖，目光瞄向廟口左側一群挖了小坑玩彈珠的男孩，萬教將剩下的一角錫幣放入小口袋，掏出四顆撿來的彈珠，輕快跳躍地加入他們的行列。

好玩阿教避農務

　　當晚，年度的第一聲春雷響起，春雨落下，厚實地濕潤了土地，父親連夜取出已泡水多日，去年特別留下的花生種粒，準備天一亮就要開始播種。

　　這春雷結束了一連串新年的歡樂盛會，農忙正式開始。整地、播種、除草、收成、曝曬……每一次循環，休期短暫。

　　夏季的熾陽高掛藍空，光芒如劍自圓盤射向八方，高溫底火威天羅地網普蒸大地，令土氣灼燙炙熱。

　　而澎湖每年僅一收的高粱、地瓜和花生，從春雨潤地植下種粒後的兩個多月便開始陸續採收，尤其暑期的七、八月間正是盛期。

　　趁著孩子假期，人們常出動一家大小合力耕作採收。

　　白晝，大人們驅駛牛犁劃破鬆開澎湖少雨的乾旱土地，藤下的硬土被尖犁剖開，成串的地瓜大大小小連掛在藤上，俯紮在硬土下的花生也翻出圓滾的果實，這黃牛還真讓農人收成時稍減耗力。

　　然並非每一個家庭都買得起黃牛，因此常得多家共用或與人商借輪流使用。當有牛隻可為犁田運送，各家便卯起勁來努力收成。

澎湖的牛車

葉家自也不例外。

黃牛犁開土地，孩子們便跟隨在後，將掛著果實的藤枝收攏，再合抱到牛車上運回村內。

好玩的阿教很不喜歡農務工作，總是推三阻四，能避就避。有時被媽媽念多了，逼不得已他才心不甘情不願的勉強去做。

烈日下揮汗辛勤，是非常苦的過程，但早年在澎湖成長的鄉下孩子，幾乎無一不是過著這樣的生活，以漁業為主的要幫忙補網整漁，稍有年紀還要出海幫捕；以農為主的，少不了做小農夫，所有農務都要幫忙；倘若夏季捕魚、冬季種植的家庭則順著季節更迭做事。

除了這些幫忙家庭經濟的活兒要幹，簡單的家事和幫忙照顧弟妹也總得分攤，對他們而言遊戲即是工作、工作即是遊戲。

所幸海島澎湖四面無障，風自海面吹來還能稍卻暑意，讓鎮日的勞苦偶有出口。

植物的藤枝被一車車載回，晚餐後便要在門口埕前採摘，體積大的地瓜裝簍準備刨絲曝曬。阿教常和弟弟妹妹一起「ㄅㄧㄚˋ憨竹」，將體積較小的地瓜用小魚型的凸肚地

瓜刀切摘。

　　或者，徒手摘採花生，姊姊和弟弟們在餐後便各據一方認真拔花生，葉家的孩子雖然多，但也常得自晚飯後做到接近凌晨。(「ㄅㄧㄚˋ 憨竹」。澎湖腔語「ㄅㄧㄚˋ」是摘取。「憨竹」是地瓜。拔花生：澎湖的花生收成以牛犁犁開硬地，人們將花生藤收攏，無需自地面拔起。因此這裡的「拔」，是形容將花生果實自相連的藤上扯下的動作。)

　　除了年紀比較大的姊姊，弟弟萬順個性就像他的名字一樣，最為溫順且認真老實，吃飽飯就主動提著勾籃(閩南語發音，圓形小竹籃澎湖稱勾籃)，搬塊小板凳坐到花生藤前，無有怨尤地拔著花生。

　　白天已經在大太陽底下揮汗收藤的阿教，看到那堆如小山丘般，高過他頭頂的花生藤，頭皮就開始發麻，在月下背光的照射下，那藤堆宛若一具巨型怪獸，深深吞沒玩耍的時間，於是他不是趁著母親進屋空檔偷溜，就是一開始就跑給母親追，硬是不肯幫忙。

　　阿教的母親是傳統的婦女，平時不常外出，努力做著農事與家事，偶而去跟小嬸聊天鬆懈一下壓力，也是小坐不過十幾分鐘而已。

看著阿教身為哥哥卻老是不做事，有時氣得追罵，但儘管手中的細竹不停地舉起落下，不但追不上腳勁好的阿教，更是連打都打不到，最後只得氣呼呼地回家繼續工作。

「逃脫」成功的萬教，有時去同學家聊天或者一群孩子相約在月光下的廟埕玩起「殺兵撿虎蛋」。

晚上七、八點，上弦月高掛空中，孩子們都各自回家了！阿教因為怕挨打，便信自找了村落裡一塊菜宅的硓砧牆角蹲了下來。

沉靜的村落沒有任何照明，月光與星光顯得特別閃耀。

西北方織女星泛著白光，是整個天空裡最明亮的一顆黃點，旁邊四顆織布「梭子」光線微弱圍出菱狀。

由細碎星雲組成閃閃發光的銀河另一方，牽牛星架起長長的扁擔牽著南方的牛宿要到銀河邊喝水。

這天景彷彿一幅人間的農忙圖。

母親曾說過農曆七月七日的晚上，當夜色漸濃，天上的牛郎與織女會跨過鵲橋重逢聚首，這天深夜零時兩顆星升到夜空的正上方，為年度的聚首寫下高潮。

阿教無緣見得這情深高掛的天幕，倒是常聽得夜裡雨

聲嘩啦。

母親說:那是牛郎織女的眼淚,每年七夕方始得見,那是帶著相思酸楚的淚水。

阿教聽了很是訝異,有一年七夕晚上特別跑到天井中間,雙手向天接下雨水再跑回廂房,趁著雨水從指縫流失前快快吸了一口,接連幾次都嚐不到母親所謂的「酸」,這事他一直納悶到成年才知道,淚水的酸度是得用「心」去嚐才能感受的。

時間慢慢過去,在寂靜的澎湖鄉村夜晚裡,除了蟲鳴與風聲再無其他聲息。萬物彷彿都沉睡了,阿教眼皮也越來越沉重,涼風一吹,不消多時便蹲睡在硓𥑊石堤下了。

晚上十點的鐘聲敲得特別響亮,阿教還沒有回家,母親拔著花生的手未曾停過,心中卻越來越憂慮。

於是她放下手邊的工作,從廟埕找到海邊再循著村內的各條巷道,最後在矮堤牆下找到睡倒了的阿教。

就是因為這樣的心軟,讓阿教最會欺負阿母還有年長的阿公,只要做錯事被發現,就發揮飛毛腿功力跑給他們追,然後在外面躲一會兒,等天色一晚、阿母氣消了就會差人去叫他回家吃飯。

　　雖然嘴裡常罵著「親像猴山仔，歸工車車滾」(整句為閩南語音。意為很像猴子，整天動不停。)，母親的心疼，他自小就清楚明白。

　　窮孩子沒有零用錢，但嘴饞幾乎是所有孩子的通病，就看忍功如何了。

　　阿教的忍功還真是差！最先遭殃的是記性不好的媽媽。

　　家裡並沒有衣櫥，衣服整排掛在牆上，媽媽會把零錢放在其中一件上衣口袋裡，以便可以隨時拿取。

　　阿教最擅常用移兵的方式讓媽媽時而找到錢、時而懷疑自己是否忘了放在何處，這樣他不但能安全脫身，還有幾毛錢可以用來治治他的饞嘴，小聰明常拿來用在調皮搗蛋上。

　　其實阿教偷的還不只媽媽的錢，阿公的私房錢鎖在陳舊鏽蝕的鐵盒裡，總是小心翼翼地放在床頭。阿教會趁著他去田裡工作時偷偷撬開藏錢的鐵盒，把阿公好不容易留下的一點點私房錢偷個精光。

　　另外，除了地瓜和花生，那年代想要吃水果根本難上加難，他偶會帶著其他小朋友去偷採阿公的嘉寶瓜、芭樂或

番茄。

　　阿教心想：偷別人家的一旦被逮著，抓回到家「叨」定(叨：澎湖腔音，「叨定」意為一定的意思。)會被父親狠狠修理一頓，而偷阿公的果物頂多被阿公打幾下，甚至罵一罵就算了。

　　因此，他有時便帶頭領著幾個孩子一起去偷採阿公的作物，殊不知這對長年仰仗種植為收入的阿公傷害相當大。

好不容易快要收成了卻被「損」掉(損:閩南音，此地意為蹧踏)，當然非常生氣。

　　而家人也都知道這些事一定是阿教做的，因為其他八個孩子都又乖又順，唯獨阿教是皮上了天，因此阿公對這個調皮的長孫還真是氣到心裡了！

　　阿教的爸爸閒時喜歡跟鄰居聊天說笑，不常在家

一位追求姑姑的老兵，讓阿教第一次擁有油亮的皮鞋。

裡也很少體罰孩子，但對最常出狀況的阿教處罰嚴厲，若做錯事被逮著，他會直挺挺的站在原地，頭頂著臉盆任由父親用皮帶鞭打處罰。不敢造次的原因是因為爸爸體力比較好，一旦被追到常被打得更兇，所以膽大心細的阿教，向來都不敢去動爸爸的腦筋。

雖然小時候常常和村內的孩子打架，偷家人小零錢、小銅板，也只偶爾偷採阿公種的瓜果，但長大後葉萬教卻深深懺悔童年的種種不是，益發堅定要認真向上。

餐不飽食忍飢餓

在興仁國小就讀期間的阿教，腳上的鞋向來是撿人丟棄的，從來不曾有過一雙完整的鞋，直至小學三年級時，沾了姑姑的光，蒙一位追求她的老兵送來一雙嶄新的皮鞋，讓阿教第一次看到油亮的黑皮面，這雙鞋被奉為寶貝般珍惜著，陪伴他三年的時光，從此他又淪為光腳一族。

回憶學校生活，小學五、六年級時常對他說：「你怎麼跟姊姊差那麼多？」的班導師牛德智老師，至今猶讓他印象深刻。

　　牛老師是外省籍的教師，說話鄉音很重，剛開始上課時萬教還有點鴨子聽雷，久而久之也就慢慢適應那特殊的腔調。

　　談起牛老師，任教時興仁國小的學生少有不認識他的，老師幾乎從未有過笑容。嚴肅的臉令人印象深刻，他的嚴格更是有目共睹，打起手心從不手軟，班上沒被修理過的應是奇葩。

　　牛老師御用號稱「皮蛋殺手」軟富彈性的藤條，令人望而生畏。

　　考試分數低於他的規定，少一分就甩打一下，老是犯錯的皮蛋學生，更難逃棍擊。被這藤條「親吻」是甚麼樣的感覺?只能說「執者來回輕鬆，受者瞬間紅條，怎是一個『痛』字了得啊！」

　　「曹春」的阿教是牛老師藤條下的常客，考試成績差、打架、頑皮地帶頭作亂……都逃不了牛老師的「神棍」。(「曹春」：台語音，意指孩子頑皮，常主動動手動腳或挑起紛爭)

　　阿教終身難忘的，應該是一次牛老師怒氣沖沖地訓了班上同學整堂課的話，好不容易快結束了，同學們正期待訓

言收尾，以免延誤了遊戲的時間，阿教竟「很會選時間」的莫名就放了一個又長又響的臭屁。

這突如其來的屁，讓阿教被「修理」得相當慘烈，但他著實也是「千百個不願意」在不該放屁的時間放屁，身體自然現象嘛!忍都忍不住的。

但被打的經驗多了，同學間也互相流傳著「減痛」特效藥。鄉下地方草野多，蛇數不少，孩子們深信用蛇蛻的皮搓手，打起手心就不會那麼痛。

於是小男生們總會四處尋找蛇皮、一旦發現便似尋到寶物般珍藏。

怕蛇的女生也有減輕疼痛的好方法。

傳聞芭樂葉的汁液可在手上形成一層保護膜，能減輕棍子落下瞬間的疼痛感，所以家裡有種芭樂樹的同學，每逢考試過後便大受歡迎。

上學前，功課較差同學們便三兩約好在家門口碰面，急著一起採芭樂葉去。

沿途，在進入校門前，男孩、女孩運用各自的「減痛偏方」，像備戰般放在掌心努力搓揉，但效果如何沒人肯定，倒是那心理作用更勝實際了。

　　澎湖自民國五十二(1963)年起試辦國小學童營養午餐，六十五(1976)年全面實施，讓學童父母能夠放心工作，也便於學生的安全管理。

　　這營養午餐收費不高，幾乎每一家都負擔得起，家境較差的，可以以家裡的農作或漁獲抵繳餐費，阿教的爸爸便常挑菜到校繳交。

　　同村的廚房阿姨對他很好，印象中她長得高挑漂亮，聽說以前差點嫁給葉爸爸，但女方父親要求幾包米當作聘金，貧窮的番薯無力承擔，這婚事便石沉大海。可能因為曾有的情感，她待阿教視如己出。

　　那年頭窮人家能吃到「胖」的機會幾乎是零，57年澎湖連島的4鄉鎮國民學校午餐供應麵包，這位差點嫁給爸爸的美麗阿姨每次都會偷偷多塞給他一個。(胖:澎湖腔音，意指西點麵包)

　　圓圓的身體，長得很像現在包著奶酥或紅豆的麵包，雖然當時並無內餡，對能吃飽就感覺很幸福的孩子而言，還真是人間美食。

　　除了一般的餐食，國際援助及美援時期還供應一杯牛奶，及一週一次的奶香塊，第二節下課，常是令人期待的

「上午茶」時間，每每令
年長後的孩子回味深深。

國中時期他進入中正
國中就讀，學費還是有一
搭沒一搭的常繳不出來。

有一次阿教甚至從烏

求學時至林投公園校外活動

崁徒步走到馬公，等待工作休息時間的爸爸，向他拿取積欠
多時的學費，沒有繳學費讓阿教心裡常感覺自卑。

從烏崁到中正國中約莫2.5公里，因此每天車管處安排
了專車來接送。這專車車票雖已折扣，阿教家裡卻也常湊不
出錢來。

另外，上了國中不像國小安排有營養午餐，需要自己
帶便當。他的便當單薄疏鬆，好不容易有的糙米飯裡黑黑的
米蟲像芝麻穿插其間，盒裡以自家種植的蔬菜為主，母親用
自家種植的蔬菜，與雜貨店老闆換來偶而讓他菜色看起來不
至於那麼單調的半顆鹹蛋，就能讓他整個上午期待午餐時間
地開心半天，但陽春的菜色中，卻難見可以保存體力的肉
類　　　　　　　　　　　　　　　　　　　　　　　。

看著同學的配菜，尤其同村的同班同學洪安全，便當

　　的菜色堪稱是全班最豐盛，那軟Q的白米飯光看就讓人想流口水。看著自己的便當，阿教常自覺卑微，但貧困的家庭能吃飽就該知足，怎敢奢求美味？

　　少量的飯菜加上成長中的孩子活動量大，阿教的午餐並不足以裹腹。下課時，走到洗手台前，他二話不說地打開水龍頭，喝著嘩啦嘩啦流出的自來水，因為受不了飢餓，「灌」水進胃是唯一可以減輕飢餓感的方法，但天真的同學都以為阿教特別容易口渴，喝起水來像在「灌肚猴」自那時起，從未有過的自卑感開始從樂觀的阿教心中漸漸升起。大部分的時間都是活潑的阿教此時沉默不語，若有所思地半掩著便當盒，身體幾乎要貼近桌面，深怕同學一瞄眼就看到他那寒酸的菜色，囫圇吞棗地快速吃完午餐，收起飯盒，他快速走出教室，將同學大啖美味午餐的場景鎖在背後。(灌肚猴：澎湖腔音，灌蟋蟀之義，此地意指喝水量多)

國中在仁愛時期的葉萬教(右二)

忍痛入住救濟院

澎湖地方氣候特殊，種植作物確實不易。

夏季日頭赤炎，雨水卻不豐厚，炎熱的天氣常讓蟲害四起，葉菜坑坑洞洞連菜梗也不能倖免，能留下為食的數量極為有限。

冬季北風狂嘯，加上海水鹽氣形成的「鹹水煙」肆虐，以早期「土法煉鋼」的種植方法，產量也無法豐足。

農作物生長不易，葉家的種植也僅夠供家裡食用，或者抵繳孩子學校營養午餐費用，頂多將多餘的花生賣給村內洪家榨油廠，換取些許現金零用，由於所得不多，僅以農務或偶而有些機會打工維生的家庭開始陷入困境。

於是，葉家的三個女兒小學畢業就扛起經濟重擔。

大姊罔市到台灣的工廠做小女工，二姊招弟和三姊葉滿兩人，在救濟院學習理髮手藝，並沒有任何收入，一家11口的經濟來源，絕大部分需仰賴大姊微薄的工資。

六個弟妹還在求學或是幼兒階段，布衣粗食經濟未見起色。孩子的衣服常是撿鄰居穿不下的，一家人擠在破舊、每逢大雨屋內也跟著滴答滴答下著小雨的陋屋，生活淒涼，

孩子卻天真的不知世事。

　　當時的老里長看不下番薯帶著一群囝仔一起受苦，於是協助申請到澎湖人慣稱舊名「救濟院」的仁愛之家。

　　只是，鄉下人無論如何窮苦，生活還算正常，孩子們玩在一起也不太計較貧富，但若去了仁愛之家，矮人一截的低下感，讓葉家著實考慮再三。

　　當年澎湖人遷居赴台發展的人不少，其中高雄五甲地區更是澎湖人移居的大本營，街頭巷尾常可以聽到帶著親切澎湖腔聊天的居民，烏崁有不少人在那裏因製作大型止水閥而發達。

　　即將升上國二時，阿教的姑丈有意介紹他去五甲當學徒以減輕家庭的經濟壓力，但他想要跟其他同儕一樣繼續留在學校裡讀書。

　　幾番掙扎，阿教選擇把書讀完，雖然他自認在功課上表現得不是頂尖，但對同伴成群充滿歡笑的學校生活倒是相當喜

歡。他認為唯有讀書將來才可能有機會賺更多錢改善清貧家庭的現況,也能讓父母在烏崁里抬頭挺胸。他年紀雖小,但能深刻體認父母養兒育女的困難與辛苦。

　　想要繼續升學,擁有求學的快樂生活,唯有進入仁愛之家才能如願,在那裡貧窮孩子的三餐和學費都不必擔心,家裡的負擔必然減少。

　　只是住進仁愛之家便要遠離父母,從小未曾離開家庭的三個孩子,說甚麼也捨不得。

　　那日,天空微雨,萬教和萬順、萬清要到仁愛之家報到,兩個弟弟說甚麼也不依,提著母親為他們準備的細軟,哭哭啼啼地大聲喊著「阿母!阮無愛啦!」,那哭聲似一尾細蛇般鑽入阿母的心,酸得噙淚忍悲的她也淚如雨下,初次經歷生離之苦的幾個稚齡孩子,哭得有如訣別,頓時愁雲慘霧地撕碎一家人的心。

　　仁愛之家的職工半哄半拉地引著孩子入內,紅著眼眶的阿教為了減輕父母的負擔,也忍著心痛抱著弟弟說:「不要怕!阿兄也在這裡,禮拜日我們就可以回家了!」

　　於是他的學籍自中正國中遷往仁愛之家附近的馬公國中,自此便住進位於馬公市新生路的仁愛之家。

那年，萬教最小的弟弟萬全才剛出生。

自卑瑟縮失信心

葉萬教(左二)與老師、同住仁愛之家的家人們

初到仁愛之家，阿教其實也陌生惶恐，新環境脫離了他生長將近十三年的地方，所有的臉孔都是那麼陌生，雖然距離烏崁沒幾公里，他卻有離家五百里的感覺。

這個地方位於大馬路旁，馬路對面澎湖監獄的高牆將視野染成一片灰，帶刺鐵絲成圈地繞行牆上，阿教感覺自己也即將被禁囚牢籠。

其實仁愛之家環境雖然稱不上華麗絕美，但卻詳寧安適。

寬闊的中庭隔開車聲，中庭的末處，成排的教室及三樓宿舍直挺挺的立於林木間，幾棵木麻黃樹挺立在舍前，羽條狀的細葉透出背後天空的湛藍，微風吹動葉條緩緩晃行於

日光的航道上，將地面的樹影映襯出對比分明。

　　阿教和兩個弟弟因年齡層不同，被分發到不同的寢室。

　　在這裡，同一間寢室稱為一戶，約住12至16個人，上下鋪的鐵床在行動時發出咳咳的聲響，動作太大的孩子若睡上鋪常惹得鐵床震盪，影響下鋪的睡眠，雖然如此，萬教卻不必再和弟弟們疊睡在一起，寢眠和生活的空間頓時變大了！

　　但是這裡聽不到阿母拿著鍋鏟炒菜的沙沙聲，他想著家裡廚房大灶的柴火正猛烈的吡吡剝剝，紅火在灶坑裡熊熊燃燒，有時漫出坑外，濃煙將外坑口上端染成一片炭黑，那火總能在冷冬時節適時溫暖他衣著單薄的身子。

　　但，姊姊早已外出工作扛經濟，自己和兩個比較大的弟弟都不在家，誰替阿母添柴火？

　　還有爸爸的木屐聲，叩叩叩的在腦海出現，天色晚了庭外的地瓜籤開始得收拾了，他忙進忙出地要趕在天黑前完成，身旁少了三個嘻嘻哈哈邊工作邊玩耍的小毛頭，爸心裡會不會覺得孤單？

　　突然感覺父母親離他好遠好遠……

　　放下簡單輕薄的行李，阿教開始過著每個晚上沒有家

人同寢的團體生活。

　　隔日，他與家友們一起走路到馬公國中上學。

　　從新生路往東走，轉過營區旁的小路，從馬公國中後門入校。

　　從鄉下來到都市，陌生的學習環境讓活潑好動的萬教頓時安靜不少。

　　在這之前，萬教未曾跟著路隊走回家，常常在放學之前校車就在中正國中的側門口等候，降旗後，烏崁的整排路隊便帶到候車的地方搭乘學生專車回家，即便是臨時宣布放學的颱風天，搭專車的學生也是在走廊排著隊伍等候專車到來。

　　但馬公國中的學生都是市區或周邊幾里的住民，住家與學校並未到需要專車接送的距離，因此宣布放學之後，同學們就依照學校編排的路隊，各自排隊準備回家。

　　住在仁愛之家的三十幾個學生是其中一路隊伍，萬教常常低頭跟著走回宿舍，就怕抬頭時眼光正好與其他同學對望，那種尷尬的感覺，會讓他無地自容地很想把外套脫下來蒙住自己的臉。

　　因為住進仁愛之家，且又轉入市區學校就讀，同學們

的家庭經濟普遍比郊區好很多，他開始強烈感受家裡的「窮」，心中總有一種自卑、羞恥的感覺。

貧窮的孩子特別容易被看不起，國三時有位住西衛的同學，習慣看誰不順眼或是看誰弱小，就會用盡方法欺負他。

住在仁愛之家的萬教自然也是目標之一，尤其看他瘦巴巴，老是畏畏縮縮，就是一副好

仁愛之家的團體活動

欺負的樣子，怎麼也不想放過他。

萬教自從升上國中以後就不敢跟別人打架，因為自小營養不夠，他的個子長得並不高，尤其同學來自十幾個不同的村莊，並不像國小時只有興仁和烏崁兩村，打來打去、鬧來鬧去，沒多久又玩在一起，似乎船過水無痕。轉入新的國中就讀成員可就複雜多了，要互相了解或套交情可不那麼容

易。

況且，現在又住進仁愛之家，更讓他失了自信，從此任何事情都很低調。

因此當這位同學藉機想要找他麻煩時，他只能怯懦地閃躲，深怕惹他生氣挨了拳頭。另一位常常仗義助人的同學王天佐實在看不過去，每每替他解圍，阻止其他同學無端的挑釁與欺負。

深刻領悟不能窮

放學回到宿舍，規律的生活正式開始。

仁愛之家的生活作息

高中時期的葉萬教分外俊秀

與一般宿舍無異,他們分戶行動,一戶中各個年齡層都有,年紀大的帶小的,設有戶長和副戶長各一名作為管理者,與一個家庭的孩子成員並無二致,打飯、洗碗、打掃都要按照排表輪流負責。

晚餐後大家分批漱洗並清理環境,每天也規定有晚自習。穩定的生活,讓住在仁愛之家的孩子比一般學生更能專心讀書。

由於群體生活,萬教因此認識了許多新朋友,其中有兩位陳姓的同學是他最好的朋友,大一屆的張阿條後來成為Line"仁愛之家群組"的召集人。

仁愛之家提供食宿與照顧,在那裏並不需要額外的花費。但假日想回家,得自己準備「盤纏」搭乘公共汽車。

三個女兒開始工作賺錢,三個學齡的兒子也都住進仁愛之家,葉家的壓力減輕不少,因此假日回家時爸爸都會給三個兄弟一點零用錢。

懶得走路的萬教,不管怎麼想花錢至少還會把車錢留著。萬清年紀小,有時貪食不小心就把錢花光了,只得認命地徒步,走約七公里的路回烏崁。

讀澎水職校時輪機科導師顏海仕既兇又嚴格,所以學

生並不敢造次，從國中就轉為低調的萬教，這時段雖然也沒花什麼時間在功課上，倒也不至於跟著一些同學整天像鬥雞一樣的血氣方剛，逞凶鬥狠。

　　那時候烏崁村升上高中、職就讀的不多，全屆包括萬教只有四位，若非仁愛之家的幫助，以他的家庭經濟窘況，可能連國中都畢不了業。

　　假日回到家，當然也不得閒。

　　當時澎湖有許多剝蝦場，一棟空心磚蓋成的長棟斜瓦建築，前後各有一個進出的大門，中間偌大的空間可以容納幾十個剝蝦的排位。

　　烏崁當年有萬教的同學，團善的父親諒仔經營的一家，興仁西寮的龍仔，東寮的張柱仔和張瑞教三家剝蝦場更是興旺，許多外村人都到這裡剝蝦賺外快。

　　深夜，捕蝦船陸續豐收入港，還帶著鮮紅身軀的澎湖沙蝦簍簍成堆，蝦場老闆早早到場準備議價標蝦。

　　沙蝦以新鮮度、大小均勻度定價，對剝蝦場而言，太新鮮的蝦子不容易剝殼，新鮮度適中的不但剝除速度快，手也比較不容易受傷，對剝蝦民眾及蝦場都是增加成效的雙贏貨色。

成交的蝦子被倒進各個蝦場的小貨車斗內，搶快、搶先地快速運回蝦場。

天色尚暗，蝦場內的燈泡發出黃光等候主角進場。鄰近民眾早在蝦場點燃燈火之後不久，便帶著工具圍坐在那裏等候。

小貨車上的蝦子還沒卸完，民眾已經搶成一團，手腳慢的或較溫和的，很難搶到第一輪的塑膠籃可以裝蝦，只能站在一旁等候搶快的人秤完想要的蝦量，才能輪得自己。

一個塑膠方籃(澎湖語音稱為「苔」)裝容五公斤量的帶殼蝦，有些快手級的家庭，一次十「苔」常不消多時便繳回蝦肉。通常每「苔」去殼去腸泥後所剩蝦肉才約三公斤左右。

雖然設有剝蝦場，但再大也容不下所有剝蝦人。許多住在附近的居民便挑回家，在住家樹下或房子陰影旁架起剝蝦的矮桌。

這矮桌材料各有不同，有些是運用既有的桌子，有些用空心磚或平整的石頭或椅子為底，上方放塊大木板或者廢棄的木門，蝦子往上一倒，每個人搬來矮凳圍坐桌邊，便成為一個相當適用的剝蝦場地。

葉萬教

剝蝦工具也很「專業」。

車針是最上等的挑蝦工具，因為木柄抓起來順手，且鐵針部分粗細及尖度適中，挑蝦腸時沙腸不易斷裂。或者將粗鐵磨出尖銳也能方便使用。

剝蝦子是件辛苦的差事，萬教有時跟著媽媽一坐便是一整天，除了上洗手間和吃午飯幾乎不能起身，尤其雙手沾滿沙腸，含著蝦腥味的水也常噴濺身上，那味道一旦上身便很難洗掉，即使用香皂來回洗好幾次澡也總覺得有沖不掉的感覺。

即將高職畢業，離開仁愛之家的葉萬教(左四)

但民國六十幾年間很長的一段時間，剝蝦子這個產業，確實為澎湖的農漁社會帶來不少經濟的補貼。

對這些工作向來興趣缺缺，又正值好玩的青年期，那陣子萬教居然並不那麼想家，有時假日也會留在仁愛之家，幫忙打掃環境，對這個之前令他抬不起頭來的地方，卻漸漸有了深入的感情，儼然成了他另一個溫暖的家。

受仁愛之家幫助五年，萬教有一個深刻的領悟就是--不能再窮了，便想盡辦法要賺點錢。當年澎湖戰鬥營是救國團營隊中非常受歡迎的一個活動，他與幾位同學報名擔任服務員，這工作不但能領得一件制服，每天還有50元的工讀費用，另外主辦單位也會將名冊送到學校敘獎，好處實在不少。這樣的服務與收穫，卻讓他有了初步經營事業的理念，對之後的創業，無形中有了啟發。

在那裡，他幸運地認識了小他一屆的澎湖水產職校學妹鍾正慧，後來成為他家庭及事業上最佳的伴侶。

在仁愛之家因為深深體悟「不能再窮了」，成年後他對工作及事業都相當奮發，每以背水一戰的心情用心投入，為的就是要遠離貧窮，出人頭地。

事業起伏漸珍惜

　　澎湖水產職校畢業後萬教與姑丈學習標案，首場參與的投標是澎湖海軍第二造船廠軍艦物料招標案。開始工作賺錢，他漸漸體會父母的辛苦，賺的錢大部分都寄回家，再加上三位姊姊也都已有收入，家裡的經濟開始步向穩定。即便在軍中掛下士那幾年，他也硬從一個月四千多塊的薪水裡努力存錢，1984年退伍時，把三萬元的積蓄寄給父母，這對當時的家庭經濟是一筆不小的幫助。

　　退伍後，葉萬教做過許多行業，也投資過電動玩具，兩年間賺了兩、三百萬，後來與太太轉行學習信封印刷廠的

結婚時，五兄弟
與父母合影（後
非中間為葉萬教）

經營。

　　由於機靈與認真，早上才開始接觸學習，下午就能出去談生意，雖然還不懂印刷業，但他就是有能力說服客戶，也開啟了他經營印刷廠之路。

　　因為做任何事情都不會害怕的心，他開始添購各式印刷機器，設廠從事出產工作，凡事起步艱難，他與老婆和弟弟常像拼命三郎似地做到三更半夜。

　　至於許多人覺得最困難的行銷。葉萬教的做法不是把貨品銷出去，而是把生意給招進來。招攬無訣竅，葉萬教用的方法就是「勤」、「誠」、「信」，帶著誠意多跑幾趟就有機會。

　　當初為了接洽中國時報及鴻海等幾個大客戶，阿教和弟弟不間斷地走了兩、三年，即便那時中時已有合作廠商，他仍不放棄常常走動保持良好關係。

　　因此當有一次原合作廠商出了狀況，中時便給了葉萬教合作的機會；至於鴻海，他們的努力也打動了公司採購部門，曾一度將全公司的印刷都包給誠意又認真的葉萬教，更協助該公司上市股票票券的印刷。

　　這些進展，大大增進了葉萬教的信心，三、四年後公

司準備擴大規模，於是買進了更精密更專業的機器，他分期
付款購買機器，也支付近原薪兩倍的薪水，向販賣印刷機器
的老闆周敬順借聘師傅兩年。

　　高薪聘用專業師傅，一來負責維修，二來他具有使用
這幾部機器的專門技術，兩年的時間可以幫他培養出一批專
業的技師，他評估如此作為，可以為自己日後的事業打下穩
當的基石，為求人才培育與創造未來，這高薪聘請乃勢在必
行。

　　就因為用心投入
與運籌帷幄，信封製
作事業如日中天。

　　少年得志的萬
教，33歲參加知名的
商會，自覺好像進入
上流社會。整整兩年
的時間，每天睡到中
午就出去吃喝玩樂，
晚上再到酒店享樂到
三更半夜，日日如

此，生活相當靡爛，工作卻丟給妻子與弟弟。

同時，會友遊說他投資錢莊、高利貸，他鬼迷心竅地跟著做，於是現金出，支票回，表面上快速累積財富，最後卻留下一堆空心芭樂票券，終致血本無歸。

那時起，每天都有債權人上門討債，太太跟著過了一段很不堪的生活，後悔自己的不智帶給自己及家庭幾乎難以承受的壓力，此時的葉萬教感覺生不如死。

所幸他以投資大陸公司的股份抵給一位結拜兄弟，幫忙還清部分債務後，再借給他工廠所需的週轉金。四、五千萬的本金加上每個月至少三、四萬元的利息及機器運作所需，生活相當吃緊，有時連飯都沒得吃，但身為長子，他總是付出比弟弟多一倍的反哺心意，每個月奉養父母的兩萬元生活費，他從來沒少過。

萬教開始浪蕩到負債累累大約十年的時間，不管他是沉迷於酒店夜不歸營或

一路走來，妻子始終支持

是被緊追債務，這過程中葉萬教的妻子日子過得相當辛苦，但她依舊守著孩子、守著家，等待萬教回頭，不管如何艱難困苦也從未想過要離他而去。

每想到這裡，他便不捨地落淚，坦言嫁給自己的女人真的很辛苦。

萬教的太太正慧是一個包容性相當大的女人，寬容萬教的許多缺點，寬容他曾經的浪蕩。同時也是一個體貼，以家為主的好妻子，任何事情都會幫萬教處理妥當，讓他全無後顧之憂。

試過各種行業，葉萬教最終還是定位在信封的印刷製作。失志過後他更懂得珍惜，自此對家庭及事業更認真積極投入，童年因經濟窘況而被迫離家的感受，也在此時體會更深。

反哺回饋公益心

萬教感受到童年時期父親對他這個長子疼愛却不顯外的親情，那無言的表情有時令他望而生畏，好像父權家庭一切以父親的說法為準，完全沒有商量的餘地。

么弟葉萬全校長，一直是他心中的的榜樣。

但，年老的父親與壯年時期的個性，有了完全截然不同的轉變，此時的葉石盤待孩子就像兄弟般，父親的慈愛在這段時間顯露無遺。

在他二次中風時，兄弟姊妹輪流到三軍總醫院照顧，很有佛緣的三弟萬清已出家為僧，還特別請長假陪伴父親。

當時正是萬教經營事業最失落的時期，所以比較沒有時間照顧，但因為他天性幽默，會逗父親開心，因此只要萬教出現，父親便喜形於色，與他天南地北地聊個沒完。

萬清還常故意搖頭說：「無眠無日顧三天，不值大哥一秒笑。」因為會逗老人家開心，不僅父親，就連母親也喜歡跟萬教相處。

幾年前，在小學擔任校長的萬全學校校慶，當天學校安排了許多學生作品的展覽，家長相約參與投入，繩上的彩球在空中飄揚，非常熱鬧。

陪母親的時光，是此
生最珍惜的回憶。

萬教逗著媽媽說：「你兒子當校長，今天有很多地方上對他很照顧的貴賓參加，你要上台說幾句話表示感謝，這是禮貌，對萬全的前途關係很大!」

聽到要上台，母親嚇得頻說：「不通啦！阮沒讀冊，無知識又不會講話，如果說錯了什麼，反而讓他們不幫了怎麼辦？」

她對上台講話這件事耿耿於懷，途中坐立難安，甚至擔心的說：「無！阮賣去好了！」(澎湖腔語。無：不然。阮：我。賣：不要。整句意謂：不然我就別去了)

直至葉萬教大笑地告訴她：「騙汝的，免驚啦！見著大兵屎照流」(澎湖腔語，汝：你。免：不必。整句意謂騙你的，別害怕!)她才放下心中那塊大石頭。

與母親的互動，他親暱自然，常常緊緊牽著媽媽的手，帶他去旅遊或散步。

有次萬教請客，帶著媽媽一起參加，面對萬教朋友的熱情，她相當開心，於是借口對大家說：「你們都是萬教的好朋友，真照顧萬教，改天到台北來玩，歡迎到家裡吃個便飯。」

愛開玩笑的萬教又逮到機會逗弄母親，於是馬上接話：「朋友是你在『揪』，錢『攏』是我在『開』！」(澎湖腔語。揪：邀約。攏：都是。開：花。整句意謂朋友都是妳在約，錢都是我在花，有調侃的意思。)讓她裝得又生氣又好笑地對他使白眼。

媽媽罹癌的那段日子，一家人走得辛苦卻溫馨。

生活起居由萬教和四弟萬能照顧，三姊阿滿負責煮餐食，醫院回診就由他和二弟萬順帶去，比較忙的其他兄弟姊妹就負責休假抽空來陪媽媽，一家人分工合作，不假他人之手，陪伴母親走完最後一段路，是他們覺得最珍貴、

房舍完成時母親已離世，他雖遺憾但仍常返鄉會友

最值得珍惜的一段時
間。

幾年前，葉萬教
在西衛購築一棟房舍，
皆因母親想要落葉歸
根，他心想：帶著年老
的母親回鄉長住是何等

澎湖國中第六屆大聚會

快樂的事，遺憾的是母親等不到這樣的孝心，在房子完工前
便離開人間。

也因為那段時間全心投入照顧母親，工廠所有大小事
務都交由孩子和妻子管理，他便自此抽身樂得清閒。

他認為這是母親冥冥中的安排，要他投入付出不同的

興仁國小同班同學，60周
年校慶時同聚一堂

領域。於是將母親離世後的餘款捐助母校興仁國小，期待能為作育英才百年樹人的教育基礎盡點微薄心力。

不想再被工作綁著的葉萬教卻一點也閒不得。

他開始著手投入澎湖縣全縣第六屆國中畢業生的聯繫服務行列，並擔任召集人。因為

他常至老人之家服務

天生活潑樂觀的個性，在團隊裡很受歡迎，即便是國中時不同校的同屆同學也喜歡他的幽默及樂觀，對他拍照時老是張

現在的他是愛家的好男人

開雙手的招牌動作更是相當熟悉。

此外，他也加入由在台北經營冷凍食品的陳三家等同學所成立的耕心慈善會，一起投入公益活動，出錢出力幫助澎湖需要急難救助的弱勢民眾，期待能夠為回饋故鄉，回饋社會多付出一

份心力。

這樣的公益心，其

實反射了他曾在仁愛之家

受助的回饋與感恩，他從

不諱言自己曾在「救濟

院」住過，深覺沒有救濟

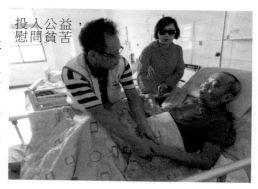

投入公益，
慰問貧苦

院的幫助，就沒有今天衣食無缺的自己。

　　為了回饋與感恩，葉萬教常飲水思源地呼朋引伴集資捐助沐浴床及紙尿褲等日常用品，給前身為仁愛之家的老人之家，更實際付出關懷地留下來陪老人聊天或協助餵食行動不便的家友，也常常到趙正派主任的辦公室拜訪小坐，談談自己感恩的心情。

　　對於故鄉，他無時無刻都存著感恩之心。因此幾乎固定每月回鄉住一段時間，追思母親也回饋故里，繼續為這個撫育他成長的地方盡一點小小的力量。

　　已逾知天命之年的葉萬教，在經歷人生許多轉折的歷練與領悟後，期許自己：今生若仍有幾許時間、幾許能力，必定要盡力為培育他成長、給他無限向上力量的土地，多奉獻一份力量、多付出一點愛心。

葉萬教

回望來時路，監獄的高牆已經拆除，第三漁港旁海埔新生地亮眼的五星級旅店夜晚燈火燦爛，當年陪伴澎湖弱勢孩子成長的仁愛之家，成排房舍仍兀立原地，在單位遷移至菜園並改名為老人之家後，已移作他用。

滄海桑田，人事已非。

印證的卻是----出生經濟弱勢的孩子，只要家庭和社會能給予正面的導引與愛的關懷，在人生的跑道上終能勇躍前端邁向成功。

夜幕低垂！澎湖的偏村靜得僅聞蟲語呢喃，任夜色低沉漆黑，那弱小星星綻放的微光，正如同葉萬教的殷殷勤耕默默付出，慢慢地點亮了澎湖的夜空！

葉萬教全家福

憶白

圖.文 / 沈淩

我憶起那白
在平野彎彎底水岸
一朵飛蝶輕舞的白
你最愛的野薑花
開在三月清淺閒流裡
那是我初識野薑
從你手裡新採的香氣

我的故鄉沒有溪流與重山
只有那大海波移
野薑不愛烈陽溽暑
必自無緣相識
但有你啊
我戀它在東岸山邊清風裡
那香
如你沉淺的呼吸
迴在面龐耳際

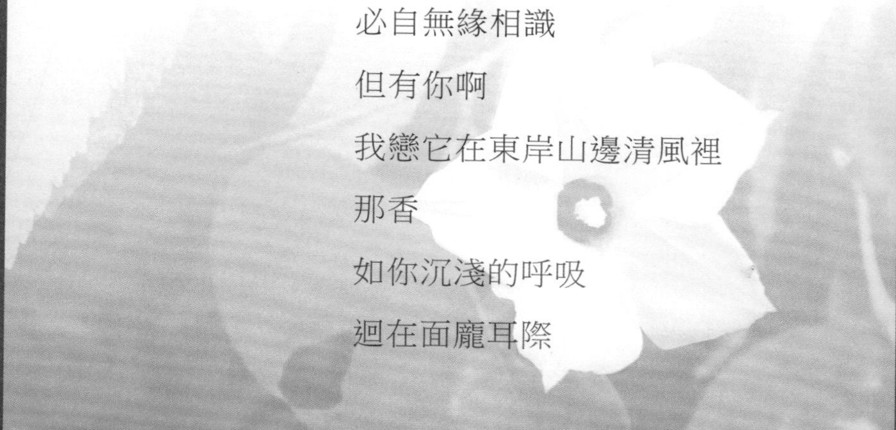

我憶起那白

在枯水的河岸

一叢飛絮輕舞底白

你最愛的白芒花

開在秋日浪蕩自在清風裡

那是我初覺白芒的美

從你手裡新採的失落

我的故鄉也有白芒三兩

在島內絕露的舊水道

但成不了數大的美

當自無緣體會

但有你啊

我戀它在東岸的輕愁裡

那憂

如我細細結纏底心

漾在無邊底天際

行船浪子歸故里　無師自通一名廚
獨子捐肝得續命　許廣祥益發珍惜

黎明的光暈自海面初起，天色仍顯灰濛，大地在公雞喔!喔!喔!的晨啼聲中甦醒，一窗窗煤油燈火在日出前已燃亮湖西。

大灶裡滾起整鍋地瓜稀粥，早頓過後農人攜了工具架起牛車，鐵包的車輪在窄窄崎嶇的小牛車路上顛簸晃行，牛蹄子步步踏出一小塵黃土，在清早的柔光中煙煙飄起。

農田裡的土豆，春芽破土裂開幾道隙縫。斗笠下的膚色黝黑深沉，在快起的炙烈驕陽下汗水淋漓，一滴滴落地留下圓褐的色澤，卻讓泥土似乎有了特別的芬芳。

獸醫父親受敬重

　　少雨的貧瘠土地與夾雜著鹹水煙的冬季強風，澎湖這個地方，生來就是要練人心志。在氣候、環境不適合大部分植物生長的這塊土地，農業一向不振，海田生活繕寫著大部分居民的一生。

　　秋冬之後的駭浪與狂風，力阻舟船出航，許多居民大多過著「半農半漁」的生活，全然以農為業的人口少之又少。然，這島縣第一大鄉，位處島嶼最東方的湖西，自清代以來，一直是澎湖農業最發達的地區。

　　以農立鄉自然難以富裕。但，泥土的溫潤與純樸卻孕育出一群寬厚、肩可承載、以大地為貴的知足鄉民。

　　西元1951年，許廣祥出生於交通疏有的這個農鄉，無太多富華，安寧一如遙遠山城。

　　在這裡，人們赤足黃土，經年練繭出厚實龜裂的腳皮，一如島嶼中萬物生存的韌性，能耐土地中旱草偶生的尖刺與石礫摧磨。

　　阿祥的父親高等科畢業後，受了一段時間的獸醫訓

練，在湖西鄉鄉公所「家畜防治所」擔任獸醫。

　　農村生活，除了用以耕作及運送貨物的牛隻，家家戶戶不外要豢養豬、雞、鴨……等經濟動物，畜養方式，以放牧吃草或用廚餘、豆箍、自種的作物餵食。這些飼養的禽畜一般作為家庭副業，母豬產仔子九至十八頭之間，小畜出生畜養穩定後得以販賣，為家庭帶來了可支生活的營收；家禽的卵蛋，富含高量營養的蛋白質，是不可多得的食物，許多家庭捨不得自己加菜進補，總得換些現金讓生活好過，因此拾來的禽卵常得留存，等著挨家挨戶收蛋的小販出現，便一股腦全拿去換錢。但年節時偶而宰殺一隻雞、鴨作為祭祀及加菜並用，還是讓家庭成員有機會嚐嚐肉味，進進小補。

　　那個年代牲畜若發生疾病，不僅勞動力不足，會影響農作物收成，對家庭經濟收入也是一大損失，因此獸醫在農民心中頗受敬重。

　　獸醫的工作，不外乎為家畜看病、打針、結紮等事，農業社會，各家禽畜的數量並不比人口少，工作量確實繁重。阿祥童年曾經多次跟隨父親出診，為湖西居民飼養的豬、牛打預防針，那景況仍深植腦海。

　　阿祥父親腳著黃色的中統塑膠雨鞋，揹著醫藥箱全副

武裝地進入豬舍，旁邊幾個農家主人請來的壯丁幫手，也一一逼近豬隻。

那頭母豬似乎早知來者不善，在四、五位壯漢縫隙間咿!咿!尖叫地亂跑亂撞，幾次已將得手，卻又被牠快速竄開，奔進內間。

農家過完春節，便驅使牛車到海邊載回一車車米白的貝殼沙，鋪灑在豬舍或牛舍地板上，讓牲畜的排泄物與沙土混合，等到來春種植之前，這些混著牲畜排泄物的沙子成了最價值、最自然的肥料，因此豬舍內間常常堆滿厚厚一層混著豬隻屎尿的泥沙污物。

他們不得不跟著進入，一腳踩進沙層裡便陷入其中，如同行走於沼澤，舉步艱難。

「尤其那揮也揮不掉的豬屎味，惡臭難擋。」許廣祥右手在嫌惡皺起的鼻梁前揮了揮，憋著嘴說。

這豬屎味，平常似乎再自然不過，幾乎家家戶戶都有的豢養，有時屋外院子便是豕舍，環境狹小一點的，住房連著豬稠時而有之，空氣中總經年飄散著那股難以形容的沼氣，久了嗅覺也漸疲乏。

只是獸醫要更接近瀰漫濃得化不開的屎尿氣息的環

圍，那忍功勢必得比一般人「堅強」。

好不容易壯漢們將豬隻逼到牆角，分別抓住那黑豬的尾巴與耳朵，另一位趁隙拉開前腿，豬隻便應聲倒地，沾滿屎尿的沙泥頓時四處飛濺，波及衣衫，幾位大漢卻也顧不得臭地將牠緊壓，那豬仔似為將成俎上肉，一逕聲嘶力竭地咿！咿！咿！嚎叫，聲音高尖且淒厲。

阿祥的爸用力拔出陷在沙裡的一隻腳往前跨去，再拔出另一隻腳，就這樣一步步向前。接近豬隻後，迅速從箱子取出鐵管針筒，急忙裝上注射劑，便朝豬隻耳後頸部刺入，推針入劑，完成注射。

在旁像看戲般圍觀的人群還議論紛紛時，他又朝另一家豬稠走去。

祥爸是經驗老到的獸醫，他深知牲畜的頸部表皮鬆軟，利於下針與推劑，且頸項肌肉豐富，藥物較易吸收，尤其抓住耳部好定位，注射起來最為順利。若是在肌肉堅硬的臀部施針，需更為使力才能順利入針，疼痛度更高，牲畜必定更為緊繃且反應激烈，注射難度便相對提高。

相較於牛隻的注射，豕豬除了咿！咿！嚎叫虛張聲勢，算是溫馴乖巧的。

「牛脾氣」常被用來形容人的倔強執拗，可見外型看來溫馴服從的黃牛，發起脾氣來人們還是得退避三舍，以免稍一不慎便血濺三尺。

雖然湖西地區二十幾個村里加起來畜牛不少，但獸醫做久了就像醫生熟悉病人般，阿祥的父親對每頭牛的個性還是有一定程度的了解，他懂得跟牲畜們培養感情，知道安撫哪個地方能夠穩定牛隻的情緒，探看病情時也就相安無事。

用來注射牛的尖針就有十幾公分長，加上針筒約莫三十公分上下，抓起粗針動作要俐落、準確地插進牛皮深處，深度一定要夠再做推針注射的動作，若失敗重來或不慎斷了針頭，都有危險性。

偏偏，有些牛還似乎對打針特別敏感，阿祥有幾次看到父親在牛舍裡被發脾氣的牛追著滿場跑，那情形只能以驚險萬分來形容，牛稠外的他常替父親捏把冷汗。

他清楚記得民國六十幾年，澎湖流行豬瘟，幾乎每一戶的豬隻都染病。那段期間父親每天早出晚歸，常常接連幾星期未曾見過他的身影，那時

期阿祥才真正體會父親工作的辛苦。

駐軍密集母經商

阿祥母親是一個頗具商業頭腦的女人,在湖西鄉經營許多行業。

「冰果室、彈珠房、理髮店、雜貨店、碾米廠⋯⋯」成長後的許廣祥,細數童年記憶中被他稱為「八大行業」的多項經營。

如此稱之,是因在純樸又保守的農村中,營運幾個較具娛樂性的行業。其中最甚的應是被稱為彈子房的撞球場。

早年撞球場常開在眷村或營區附近,許多跟著國民政府撤退來台的老兵,休假無事常到撞球場消遣。瞄準母球與花球,長桿在方桌內技巧地控制小小的圓球,拉桿、推桿,撞擊、碰!的一聲看著散開或落袋的圓球,心中壓力頓時獲得紓解。

這些老兵大都經過戰亂洗禮,在戰事平穩之後除了演習,已少接觸砲彈,這小球酷似彈子,過程的抒發又似戰場上轟砲彈般的暢快,便稱之為打彈子,因此撞球房又被稱為

彈子房。

　　早期的彈子房在少有娛樂的年代，是許多血氣方剛青少年喜歡聚集的場所，進出分子頗為複雜。然它的設備簡單，小小的空間硬擠下好幾張球桌，兩桌間的彈客互別苗頭，或彼此拉桿卡住球位的機率相當高，一個不慎常擦槍走火，容易滋生事端，被認為是不良場所，當時並被列入為影響公共安全，需加強檢查的「八大行業」之一。

　　阿祥母親經營的生意中，真正自己坐鎮的應該是設在自宅的碾米廠，當時她專門接做公教配給米的碾米代工，碾一百斤有二十斤的獲利，碾下的米糠等又可以賣給民家作為豬隻的飼料，收益不差。

　　幾家店的經營，需要工人也需要店員及師傅，請的人手自然不少，員工多，食口也多，因此特別聘來廚娘專門打點餐食。經營這麼多項行業，每天都有大量的現金進出，1950年代的台灣，一角、兩角、五角的零錢常是交易時最常見的貨幣，阿祥母親收錢時都用畚箕裝著，沉甸甸的還需找

人幫抬。

　　說阿祥是含著金湯匙出生的也不為過，相較於其他同齡的孩子，算是均貧中的小富，成長過程物質需求不曾匱乏。

　　他穿著的衣服總有特別的質感，當同學個個赤足上學，他腳著當時知名的自強牌、生立牌球鞋；他吃得精緻，在地瓜稀粥的年代，白米飯配魚肉不曾缺乏。

　　尤其家中的用品都是最新型的，跟台灣並行並不落後，黑白、彩色電視機

成長過程物質需求不曾匱乏

一問市，許家總是搶先擁有，經濟有活水收入，父親又捨得添購，讓很多人羨慕這個家庭的生活。

　　但上有長姊及三個哥哥，下有兩個妹妹的阿祥也許生活過得優渥，也許是男孩中的屘仔子，成長過程未曾經歷困苦，就註定要在人生的中段備嚐艱辛。

商船輪機遊四海

　　縣馬中湖西分部初中畢業後，父親曾送阿祥到新營農校就讀，對讀書沒興趣又初次離家難免思鄉的他，報到五天後便自己搭船回澎。之後進入海軍第二造船廠專修班，成為第八屆的學員。在那裏受訓、工作一年多接到入伍令，62年退伍後仍得履行還有三年多時間，海二場培訓、工作五年的契約，但心境已經跳動的許廣祥卻不願被侷限在小小的框架中，對當時月薪才1千餘元的海二廠工作並不看在眼裡，父親為他賠了五千元給單位，總算還他自由之身。

　　此時，適逢大來輪船公司招考船員，商船的輪機員月入近萬元是高薪所得，在鄉公所擔任獸醫的父親月薪也不過三千多元，但對於一隻巢在三珠樹的翡翠鳥，幾

幾乎可以環遊世界的生命體驗，才是真正吸引他的誘因。

乎可以環遊世界的生命體驗，才是真正吸引他的誘因。

　　當時一般人對從事遠洋商船船員的意願並不高，因此考試錄取率不低，23歲的許廣祥，在船公司委託澎湖水產學校的訓練課程受訓4個月後，同年年底便開始他的航海歲月。

　　在海上漂泊，其實正是符合許廣祥不願受拘的浪子性格。

　　彷彿拘禁的船體，卻是遊走他方的交通工具，他坦然愛它。年輕浪蕩的心與視野，無法被一個地方、一小方天地束縛，唯有一處再過一處，不斷的新鮮體驗、不斷地變換場景，才能滿足那顆未曾定岸的心。

　　商船的生活，對一心想要接觸新事物的許廣祥而言並不辛苦。心中有了目標及寄託的方向，做任何事都能以輕鬆的心情面對。

　　每一次出航對他而言都

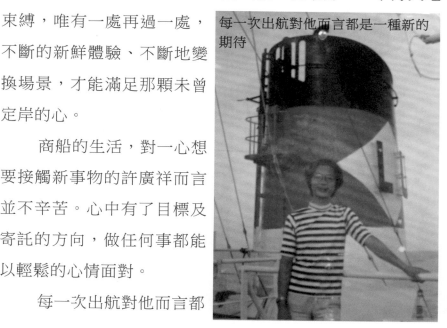

每一次出航對他而言都是一種新的期待

是一種新的期待，那不同文化、風景與絕色的美麗國度，似乎敞開雙手在行程的每個段落迎他，船內的短暫狹隘，都是為了那一處處的開闊與迷人。

因著如此的心境，每日輪三班各八小時，在接近四、五十度鍋爐的機艙巡查、維修的忙碌上班時間，他全神而懇切地認真投入。

他喜歡每日四點下班，到駕駛台找同為澎湖人，海軍少校退伍轉任的大副詢問：

「今天走了幾海哩？」

「又被浪給打回來，等於沒動。」

這樣趣味的問答他樂此不疲，也習慣像搖籃一般的晃盪才容易入睡，笑言上了岸反而會暈山，得要適應好一段時日才能安眠。

他喜歡浩瀚大洋一望無垠的視野，更享受在大洋中航行三、五天，好不容易遠遠浮現一個島的影子的高興心情；更愛一陣大浪打來，整個船體重重下沉再搖擺浮起的過癮。

這始終飄浮不定的大船，如同許廣祥飄浮不定的心。

商船運送貨物到各處，停泊到港，散裝的貨物以吊車一部分一部分緩慢吊至碼頭卸貨，不如現代貨櫃來得快速。

當年遊走各國的貨運商船，每艘船都有最不怕吃苦的澎湖人

這段時間船員便可上岸旅遊，有時卸貨量多，一個地方停靠好幾個月。移民局驗過護照，發給Shore Pass就可以上岸了，非輪班時間，船長也不限制船員的活動自由，盡情作樂與旅遊，生活很是愜意。

「這艘貨運商船是二次大戰時製造的老船，說實在話並不那麼安全，但二十出頭的我一點都不怕」

話起當年，已滿六十五歲，開始領老人年金的許廣祥依然意氣風發，依稀見得當年一頭嬉皮長髮，對任何事都沒有太多在意的年輕小夥子那身傲骨。

這艘船被他稱為「危險的老船」，底層是機艙，讓船運行正常的各個「器官」都在此處；第二層是船員臥室，每人一間套房，住來還算舒適；最上層的甲板上，有沙龍(交誼廳)，可以看電視、打桌球等，是船員的休閒活動區。

當年遊走各國的貨運商船，每艘船都有最不怕吃苦的澎湖人，在船上形成一個相互合作的小團體，因此新進的澎

湖籍船員都能很快適應船上的生活。

　　輪機員的工作地點位於最底層、油味濃重的機艙內。由於溫度過高，常是穿條內褲就在艙裡工作，反正整船都是男人，有得蔽體不致失禮，能順利進行工作最為重要。不值班時間，船員大都在房間看看書，聽錄音帶的音樂或收音機調頻廣播節目。

　　有一次經過美國領海─金門海峽。剛下班的許廣祥習慣地調頻接收當地的頻道，在經過舊金山地標，世界上最長的懸索橋金門大橋下時，收音機正好傳來San Francisco(到了舊金山，別忘了頭上戴幾朵花)，那令人振奮過癮的如夢場景，至今仍彷彿昨日。

　　在南、北越內戰時期，商船載運貨品到西貢(今胡志明市)補給。炙熱的夏季，氣氛猶如溫度體感幾近燃點，船一進入湄公河，護船的快艇便在兩側隨行，空中也有攜帶武器的直升機盤旋保護，商船甲板上徹空無人，駕駛艙只留下行船視覺的窗孔，沙包層層包覆猶恐天外飛來一彈，此時五百公尺外不時傳來陣陣槍聲。

　　然，還是有冒死行商的人們，尚未靠岸仍在緩緩開航的船上，岸邊拋來一個繩索，扣住船體，人便沿繩攀爬上

船，活像特技表演的上船方法令人嘆為觀止。這些沿著繩索上船的小販，上了甲板東西一攤，就在船上做起生意來。

尤有甚者是連賣春的女孩都沿繩上船來「做生意」，儘管流傳美國大兵在越南的酒吧買春，傳染性病致死，船長也在駛近越南前便苦口婆心地廣播：「越南目前流行致死的性病，到那裏千萬不要買春。」猴急的人卻視之為耳邊風，照買不誤。

那時西貢尚未淪為戰場，街上仍然熱鬧，但治安明顯敗壞，搶案頻仍，人身安全也足堪憂慮。

商船在該地停留三個月，在船上待久了顯得無趣的船員們偶而冒險下船觀光，許廣祥和同伴們也因穿著入時、出手闊綽，被當地人乘隙搶劫。自此，他們每次下船都以一天十塊美金的費用，前、後各聘請一個拿槍的保鏢維護安全。

三個月後，商船駛離西貢，往另一個港口出發。不久，傳來南越淪陷的消息。

最驚險的一次航程莫過於在接近南非好望角海域，由於主機故障，整艘船停在海中央動彈不得。原本，只要負責輪機的組員加以維修，再次啟動都不是太大的問題，那次故障卻逢大颱將至，船長緊張地動員所有組員積極搶修，務必

要來得及在颱風來襲前進港躲
避。

　　前一晚睡前，許廣祥習慣
性地閱讀了書報，在讀者文摘中
看到一篇對好望角海域的報導。

這報導描述了這個原名為「暴風角」海域的驚險，在這裡發
生過的海難次數多如牛毛。

　　報導指出：好望角正位於大西洋和印度洋的匯流處，
即便在晴朗的夏季也有強勁的西風咆哮而過，更遑論冬季的
寒風凜冽，因此急流掀起的驚濤駭浪常年不斷。

　　除風暴危害，前如懸崖峭壁後若緩坡，高近二十米的
「殺人浪」在冬季頻繁出現，還不時加上極地風引起的旋轉
浪。尤其當兩種海浪交疊一起，海況更顯惡劣。而強大的沿
岸流，與前述兩種狂浪相遇時，整個海面如同沸水翻滾，行
到此處的船舶往往不幸遭難。

　　該報導文末，對海域聳動的定論：好望角是世界上最
危險的航海地段，十船經過，七沉三倖免。

　　搶修主機中的許廣祥想起昨日的內容，心裡硬是一陣
毛，手沒敢停著，嘴巴卻嘀咕著：「怎麼就這麼巧！」

　　是啊！昨夜的那篇關於好望角海域的描述，確實強化了他今日修船的緊張，船長心如火灼地在甲板上望天踱步，不多時敞開嗓門大喊：「快點修，颱風快到了！」這聲音，真是加倍的讓人驚心悼膽。

　　此時海面的浪濤已經明顯增大，那如懸崖峭壁的「殺人浪」以及如水翻滾的海面影像，時不時像鬼魅般浮現在他的腦海，今日或要魂斷在離鄉遙遠的南非海域？年輕的心總有不甘！但上船之初他必得要清楚，作為一個航海人，經歷過的驚險必不只一、二。

　　「輪機長！快修好了沒！」機艙外又傳來船長緊張的豪吼：「颱風到了！」

　　空氣頓時凝結一如額上汗珠。

　　千鈞一髮之際，突然砰的一聲，引擎及時發動，船長當即指示盡速前航，於是巨船緊沿著海岸線航行，以躲避已然入海的颱風，就這樣一路驚險地開到南非，恍如九死一生。

　　七年的遠洋商船期間，他走過三十幾個大、小國家，其中最遠更到達過西非的奈及利亞，最冷則是過癮地抓一把雪加入威士忌，仰頭一飲而盡的阿拉斯加。

他始終記得第一次抵達紐約，船便因為機器結冰無法運作，在港口停留了三個月。這段時間船員們在紐約旅遊、娛樂，就恨身上銀兩不夠多，否則整個紐約都能踩遍。

印度孟買、美國洛杉磯、舊金山、夏威夷等幾個城市、黃金海岸迦納王國、韓國、奈及利亞，科威特，新加坡、阿拉伯、阿拉斯加……三十幾個國家、無數個城市，已難用有限的記憶力回顧履跡。

高收入，沒有家庭經濟壓力，當船員的許廣祥，船停到什麼地方就在那裡盡情娛樂。十六歲便開始接近酒精的他，到岸上最常去的地方不外乎是美女如雲的酒吧，喝酒似乎成為前半部人生中最想抓住的享樂，在海上賺的大把銀子，都在每個靠港的岸上、在杯觥交錯的虛情假意之間流失。

1980年，船行到奈及利亞，船員在酒精的催化下各個失態狂言，已經飲酒過量麻痺了神智的許廣祥，開始鼓譟鬧事，更幾度重重揮拳向掌舵的大副，將大副打得落花流水。

這態勢一發不可收拾，船上因此發生暴動驚動了奈及利亞的警方，許廣祥一肩扛下事件的責任，因此被遣送回國。

同鄉姻緣天註定

　　年輕時的許廣祥行船休假有較長的空檔，便回澎湖幫母親的碾米廠送米，蓄長髮、穿著時髦，騎著重型機車在路上感覺相當帥氣，許多年輕女孩都忍不住多看一眼。那時馬公的「沙城piano bar」是許多軍人較常去的地方，他每周固定去喝四次酒，一次一千元的消費，在四十幾年前年算是手筆很大的客人。

　　一年春節，阿祥嫂嫂住南寮的堂妹淑卿也從台灣返澎過年，她順勢介紹了兩人認識。

　　在鳳山針織廠當女工的吳淑卿，小學與許廣祥同屆，

年輕時的許廣祥，蓄長髮、穿著時髦，相當帥氣。

但不曾有過交集，尤其國小畢業後大部分的女孩子都無法繼續升學，她便離開澎湖到台灣工作，對彼此的印象更是模糊，還好哥哥與嫂嫂結婚當天淑卿是女方陪嫁，還有一面之緣。

　　這次，許廣祥看得更是仔細。早出社會的淑卿，一頭飄逸

年輕的淑卿，一頭飄逸的長髮加上深色墨鏡，標緻的臉龐不必刻意打扮便現代有型，怎麼看都是個討人喜歡的美麗姑娘。

的長髮加上深色墨鏡，標緻的臉龐不必刻意打扮便現代有

型，怎麼看都是個討人喜歡的美麗姑娘。

　　這之前，許廣祥其實私下已有論及婚嫁的女朋友，但

由於他前衛的外型和行事風格，女方家長並不同意這樁婚

事。

　　離家十數年的淑卿其實也有很多追求者，但乖巧的她

都不曾接受，直到堂姊介紹了許廣祥，自覺緣分到了就順其

自然，因此兩個僅在「沙城」約了幾次會便決定結婚了。

　　婚後，許廣祥繼續「行船人」的工作，淑卿依舊在鳳

山工廠上班，兩人聚少離多，幾年後長女若沂出生，跟著母親一起在高雄生活。

這天，許廣祥父親接到他寄自國外的家書。

父親大人膝下：兒寄出此信後，船將離港駛向下一個港口，此次航程終點為西非奈及利亞，是一個石油天然氣資源十分豐富的國家，陸續停港卸貨及航行，約近月可抵該國。

跑船的生活一切安好，在接觸各國各地的同時亦開了眼界，非在故里小小的島嶼所能達到的視野，兒亦慶幸未能閱覽萬卷書時，能長行萬里路，對自己當初的選擇確實無悔。

只是長期離家，對家人思念甚深，午夜夢迴，親人的身影總在夢中縈繞。但，兒會堅持，請父親勿掛念憂心，也請保重自己，並代為問候母親大人。

敬請福安，兒廣祥叩上

看完書信內容，父親十分寬慰，這個最讓他擔心的厝仔囝結完婚、當了父親後似乎比較懂事了！

這封信，從國外跟這船運輾轉寄到澎湖，已是發信後一個多月的時間，隔天一早，許廣祥父親心裡想著，這時候

　　阿祥應該早已到了奈及利亞，也許船將回航，再過個把個月或可回到台灣吧?

　　但信中並未提到奈及利亞之後的航行路線，父親也是隨意猜猜，雖然阿祥生性浪蕩，賺多少花多少，也不知道建立家庭了該為太太和孩子的未來多想，和另外六個孩子顯然不同，但他也責怪自己從小就太寵這個厝仔囝，慣壞了他。

　　以自己的個性，這孩子若不是最小的，倒不知要被他打成甚麼狀況。

　　就說老三偷偷去考海軍陸戰隊專修班這件事，成績單寄到家裡那天，他就狠狠地拿起棍子把孩子打得半死；就連他那從小就是個美人胚，曾經參加中國小姐選拔的大女兒，初中時僅僅跟外省人或駐軍說個話，傳到他耳裡，必定要被痛罵一頓。

　　但不知為何，廣祥出生後自己就收起了棍子和脾氣，看到他自然也生不起氣來，相同的，之下的兩個女兒也不曾捱過棍子。廣祥這個孩子其實也不是大壞，但就是有些浪蕩，不把錢當錢地揮霍，最讓他頭疼。

　　想到這裡，他不由得搖搖頭，心裡卻微笑了起來。

　　「這孩子年紀到了，是該捌想的時陣了!」

話才出口，一抬頭，這囝仔囝卻拎著皮箱面無表情地站在他的眼前。

從奈及利亞被遣返回國，許廣祥搭機由雅典、曼谷、香港轉飛台北，從啟程到回到澎湖，花了三天的時間一路轉機。

他的行李在轉機過程中被打開過，許多物品不翼而飛，包含珍藏的日本兩大巨星森進一和小林幸子的錄音帶。那些東西，許多是記錄著許廣祥七年間，走過三十幾個國家的紀錄，遺失寶貴的東西，不知意味的是否是另一個階段的新生？

廣祥小吃闢新路

回到陸地上的許廣祥與妻子商量要回澎湖開小吃店，吳淑卿辭去了工廠的工作，帶著孩子和丈夫一起回到澎湖重新出發。

1982年，三十歲的許廣祥在自家前擺起攤位開始營業，從賣滷菜和一碗二十五元的海鮮麵起家，湯底、調味、火候和時間的掌握，慢慢摸索揣摩。

　　小吃店，位於湖西鄉湖西村通往馬公的主要道路上(今202縣道)，雖然仍是窄小的牛車路，但位居湖西行政區，鄉公所、派出所、主要宗教信仰的天后宮等等單位都在附近，再加上周邊駐軍密集，是農鄉中最繁華的地段，生意並不差。

　　幾年後，攤前的牛車路進行拓寬工程，位在路邊的店面被縮拆了一半，於是他們順勢拆掉剩下的部分再建新店。

　　這段時間的店面。便移到許廣祥家後院的空地經營，搭起頂棚，在半露天的廣場上繼續麵攤的生意。客人得從窄小的通道，經過住家的車庫、起居室，才能到後院吃一碗麵。

　　但在這個約二十坪、半露天的小空間裡，走過無數國度、心中總積著浪漫因子的許廣祥布置了一方小小的天地。

　　九重葛在棚架上綻開燦爛的嫣紅，紅磚道在黃土上調和出質樸雅致的澎湖味。圓桌不高，圓椅高度坐來舒適，空氣中瀰漫的是豬油與油蔥香的芬芳，熱騰騰的什錦海鮮麵在桌上飄起一縷溫暖的白煙，橢圓盤滷菜一碟、幾個老友，在花棚下溫潤著情感，這種「廣祥式」特有的淡然、浪漫進餐氛圍，儘管食客得曲折入場，卻有柳暗花明又一村的驚喜。

連宋楚瑜都
慕名而來

但因於當時許麗音議員的請託，許廣祥暫離小吃攤到馬公市區幫忙照顧一家店面，很長的一段時間，淑卿獨自撐起店務和家務，蠟燭兩頭燒地照顧四個孩子、年邁的公婆及多病的大伯，那辛苦難以言喻，若非韌性堅強的女性，實無法走過這段艱難的日子。

1986年八月二十二日清晨，西北太平洋滯留最久(長達半個月)的熱帶氣旋之一韋恩颱風，以每秒六十八公尺（相當於十七級風以上）的瞬間最大風速襲擊澎湖。不但打破澎湖氣象站設站以來最大的風速紀錄，其錯綜複雜難以掌握的路徑先後三次影響、兩次登陸台灣，清晨兩點颱風眼通過澎湖，狂風暴雨間，許多房舍倒塌、馬公港內停滿的避颱船隻葬入海底幾無倖免，許廣祥的麵攤也隨颱風付諸烏有，災情慘重。

所幸，當時正值台灣經濟起飛期，景氣日益轉好，加上馬路拓寬工程早結束，小小的店面也已完工，廣祥小吃部

便搬遷回創業原址，生意並無太大影響。

　　那是橫寬有兩棟房子寬度的二樓店面，店面不大卻是餐廳運作模式的正式開始。已有幾年麵攤基本功的許廣祥夫婦，購置冷凍櫃，開始拓展其他餐菜。祥式菜色自有特殊風味，店內人來人往絡繹不絕，常常客滿甚至一位難求。這其中，本地駐軍最是常客，尤其假日，餐廳內清一色被軍人坐滿。另外，鄉公所員工開會後也常來此用餐。

　　只是十年內，湖西鄉的發展迅速，再次拓寬店門前的202縣道，接連兩次的拓寬，馬路兩旁的房子全數劃入道路用地，廣祥小吃再度面臨遷店。

　　1992年許廣祥拆除舊家倉庫，連結早期做生意的院子土地，興建店面，隔年十月，以店內電話號碼後三碼命名的068餐廳，正式掛牌營業。對許廣祥手藝情有獨鍾的死忠客戶緊緊跟隨，拓展的店面依舊近悅遠來，那段景氣正好，人們金錢使用活絡的時期，餐廳天天都有大筆的現金收入。

　　只是原是大海蛟龍的許廣祥回到蕞爾之地，心中自有幾分難以伸張的遺憾。從自在浪蕩的生活瞬間回歸平凡，這過程未有緩衝時間來調整心態及習慣，性格確實難以驟變。尤其四個孩子陸續出生、生活、教育費用日日要見金，離開

航海工作前未曾有過的經濟壓力開始浮上檯面，在在都讓他難以適應。

賭博和酗酒，就成了他釋放及逃避心中那種圈鎖感覺的唯一方法。

酗酒迷賭豪情乾

總括看來他其實是有肩膀和責任的，不管前夜喝到多晚、醉到如何不省人事，隔日一早他依然準時起床，親自到市場挑買最新鮮的魚貨。營業時間也一定在廚房裡認真掌廚，除了在餐廳「假借」敬酒名義多喝幾杯，他不曾誤過生意。

但營業時間一結束，他便成了另一個人。

拆掉圍裙、打開收銀櫃，他一把抓起今天收入的現金，騎著摩托車便揚長而去。賭對他而言已是工作後必然的娛樂，就像行船時所賺的錢都花在酒吧一般，餐廳的收入大部分也在賭桌上財去財空。

許廣祥賭博的手法如個性一般大氣，有時候在牌九桌上，一晚就輸掉二、三十萬。那是餐廳一個月營業額，夫妻

倆人整月辛苦的所得，幾個小時便落入他人口袋，他努力工作卻也盡情揮霍。

面對先生的酒、賭，個性堅強硬實的淑卿咬牙撐著，她不會逃避、不願被打倒，硬撐起家裡大小的責任，跟會、標會度過每一次難關，絲毫不讓孩子感覺出家庭的經濟壓力。

至於酗酒，那一直是許廣祥人生中最大的阻礙。

16歲便開始接觸酒精的他，因喝酒鬧事狠打了大副，丟掉了至今仍然眷戀的工作，他似乎無法脫離杜康，像血液裡早含了高濃度的酒精，不補充便會失血而死般時時都要與酒交融。

上菜空檔他向客人敬酒，滿滿的一杯高粱豪情一乾，二十分鐘時間一瓶飲盡。就這樣，客人午餐和晚餐時，他各要入腹一瓶，卻仍不足他麻醉自己的需求，於是晚上收工，不去賭博的日子他必然和朋友邀約再喝。

在孩子眼裡，許廣除了喝酒與賭博，是一個和藹、愛孩子的父親，但每次酒醉，也是孩子噩夢的時刻。

被酒精過度麻醉後的許廣祥像是另一個空間的過客。他放大音量播放西洋音樂，用力敲擊桌子大聲跟唱，那樂聲

酒醒時的許廣祥，是個暖男老爸。

仿佛就像身處國外音樂酒吧般的震耳欲聾。

之後，他用力摔碎伸手可及的物品，幾乎站不穩的搖搖晃晃身軀拳頭卻出奇有力，弱小的妻子常成為他練拳的沙包。

每回許廣祥酒醉回家，家裡便一片紊亂，早期住、店分開時，淑卿會支開孩子，要長女若沂帶著弟弟妹妹到店裡，避開令人心驚的場面。但孩子總是憂心母親的安危，如果發現場面失控，不管夜有多深，他們依然要壯著膽，衝到對面五金行，向熟悉的老闆叔叔求救，因為家裡沒有人拉得住被酒精麻痺了的許廣祥，好心的鄰居叔叔每次都來勸架，直至他累了、無力地入睡一切才得安寧。

夜裡，孩子們收拾好書包準備入睡，一聽到爸爸喝酒回來的腳步聲，個個都嚇得躲在棉被裡。雖然他頂多是叫來列隊訓話或罰跪，但那醉態的聲勢便足以令幼小的心靈寒顫發抖。

長女若沂從小功課就好，高中時唸的是優秀的前段

班，即便是努力衝刺的考前，也常被酒醉的父親無緣無故叫出去罰跪。

「但隔天，他好像變成另一個人！」許若沂相當費解。

好似昨夜裡父親被鬼魅附了身，好似雙重人格，日、夜有著不同轉變。

許廣祥釋放壓力、逃避現實的方法已經深深影響家庭的生活。

其實，他是一個心思細微的男人，在妻子生日時買來禮物相送，有一次在頂樓吹風抽菸，想著明天的結婚紀念日該送甚麼樣的禮物，抽到最後一根，突然想到妻子不希望他抽菸，於是便以戒菸當作賀禮，特別節日他總不忘送點溫馨。

但這在承受各種生活及環境壓力的淑卿眼裡，已無心思柔情，個性倔強的她並不領情，甚至連聲謝謝也不願出口，她只是盡力做著自己該做的事，為一個家庭的完整而付出。

這樣的互動讓生性浪漫、對愛情向來滿腔炙熱的許廣祥更無從宣洩情感，兩人關係如入冰點。

　　有一天，許廣祥從馬公的市場買菜回來，向來堅強的淑卿卻在店內一角獨自飲泣。原來村人訕笑她：「嫁彼个啥款尪，博這款形，嫷嫷一个某這馬親像老查北。」(台語音，全句意為：嫁那個甚麼丈夫，賭成這樣，原本漂亮的妻子，現在磨得像老女人。)

　　這事讓許廣祥心頭一震，戒賭那年，他虛歲三十八。

　　為了確實戒賭，在大大小小的賭局盛行的過年期間，他甚至足不出戶，就怕禁不起誘惑又再涉賭。後來索性春節期間休店，帶著孩子出遊，一來可免自己再犯，二來也不願別人的孩子高高興興過年，自己的孩子卻得辛苦幫忙張羅店務。如此一來一舉兩得，全家皆大歡喜。

　　這樣的全家出遊行程，在孩子成長各有家庭與第三代之後，更持續以往，為家人情感的凝結樹立了最好的典範。

　　戒賭，讓許廣祥家庭的經濟狀況不再沉落，也讓親子親情更為濃重，及時回頭、魄力斬斷，救了一家人的幸福，許廣祥確實說到做到。

　　戒賭後他更投入餐廳的工作，尤其在景氣低迷的那幾年，自己釘了一只外送的木箱，高高的提把，寬厚正好手能盈握，箱內的木頭隔板讓湯、魚、菜、飯能各自穩定。他常

一手抓著機車龍頭，一手提著裝滿餐食、重量不輕的木箱，騎車外送到白坑、青螺、西溪……等村，為了成長中，正需要生活、教育費的孩子，他下定決心拼了。

嗜酒如命嘔出血

只是酒精仍像毒品一般控制著許廣祥。他常說：「模糊的人生才具色彩！」那逃避的心結依然未解。

那骨子裡的浪漫因子濃得無可救藥，情感面他需要一點滋潤，但遇到了一位被現實生活操得並無閒情可以感受生活的女人，他的愛無處可發，於是藉酒精來抒發、躲避心中空缺的那一塊。

他依然嗜酒如命，酒醉後返家失態，丟東西、折騰妻子，罰跪孩子。子女繼續適應父親清醒時慈愛，酒後令人恐懼的兩極。長女繼續帶著弟弟妹妹像鴕鳥般躲在被窩，或奔向隔壁鄰居叔叔求救，直至他累了，睡了，一家終得安寧。

面對這樣的丈夫，個性方方整整的淑卿從不發脾氣，只是咬牙獨自忍受

從十六歲接觸酒精，承載了四十二個大量無節制豪飲

的寒暑，五十八歲那年，許廣祥的身體終於攤手抗議。

其實年滿五十歲，湖西鄉衛生所便會寄來免費身體檢查的通知單，他都視若無睹，有時甚至順手撕掉，許廣祥心知肚明，知道自己的肝早晚會出問題，但就是不願去面對。

淑卿看著被撕掉的通知單，清楚丈夫一貫逃避的心態：「汝會驚駒？假影不會發生，無路用啦！」(你會害怕?假裝不會發生，於事無補！)

妻子曾勸他去做檢查，但他真的害怕真相，每月仍有房貸支出，孩子都還在讀大學，自己如果生病收入停止，房子會被查封，孩子的生活及學費將會中斷，他寧願鴕鳥心態地不知道事實。

2009年4月，春末的澎湖小島，豔陽燦爛。068仍是高朋滿座，許廣祥夫妻忙碌得幾乎沒有時間喘息，經營餐飲業已近三十年早習以為常，有時一整天客人來往幾乎未曾停息，出菜的壓力常讓他們緊張得胃痛。

當時次女若嵐正好在國中擔任實習教師，突然接到未曾在餐廳忙碌時間聯繫的父親來電。

「若嵐！爸爸正在煮菜，但覺得身體有些不舒服。」

若嵐馬上向學校告假，她知道這是通求救電話，若非

嚴重的不適，凡事硬撐的父親不會在這個時候來電。

　　她趕回家打算帶父親去看診，在廁所的許廣祥一嘔，卻吐得整個洗手檯都是鮮紅的血。這狀況嚇著了年輕的若嵐，但她仍沉著地不敢驚嚇餐廳的客人，偷偷請廚房中的母親叫救護車。

　　海軍醫院的顏助承主任，迅速對許廣祥的身體做各項檢查，報告結果是喝酒過量及長期勞累造成肝硬化，不到一周的時間家屬便接到需要換肝的通知。

　　其實在這之前，許廣祥的身體早已預警，曾經出現吐血及血便的情形，但不喝便像缺乏氧氣的生物，他憂慮絕酒後身心的痛苦，便一直瞞著家人。但在這個生命交關的緊急狀況下，也由不得他考慮酒的問題，肝臟移植手術是他唯一能存活的機會，他只能換肝續命。

　　對換肝手術完全沒概念的淑卿，確實擔心手術安全，倒是從小看著父親酗酒，已成家在新竹經營服飾店的若沂思想細膩，個性穩定成熟。

　　她對母親說：「這是這個家唯一的轉機，只有換肝可以改變現狀，這個家才能得救。」

　　即便已結婚生子，若沂對父親的愛仍有些糾結，因為

許廣祥

許家的孩子，都願意捐肝救父，獨子子逸扛下了重責。

他仍然視酒如命，童年的場景接續不斷演出，酒讓這個家有
太多不堪，若能因此而遠離酒精，對父親、對這個家庭都是
重生。

獨子捐肝得續命

　　肝硬化或急性肝炎引起肝衰竭的病人，通常沒有太多
時間可以等待，倘使未進行肝臟移植，死亡率高達百分之九
十，但若有機會換肝，手術成功率一樣高達90%以上，移植

263

過來的肝，也會增生到原來的百分之七十五，足以負擔身體機能。

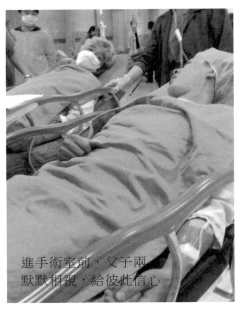

至於活體肝臟捐贈者，術後雖然仍可能發生併發症、但機率低，術後一週左右，便可返家休養。三個月到半年肝臟的再生可達到原來容積的百分之八十至百分之百，算是相當安全。

進手術室前，父子兩默默相視，給彼此信心。

決定換肝且情況緊急，四個孩子為救父親，很勇敢地都進行比對，除了最小的女兒宥析體重太輕，很幸運地都符合捐肝的條件。

二十五歲還單身的兒子子逸，自告奮勇要捐肝給父親，因為他是家中唯一的男孩，自覺必須擔起這個責任。體型壯碩的子逸，肝臟明顯比姊妹們大，能取用的部分比較多，最後醫生也決定由他來捐肝。

同年七月二十一日，許廣祥與許子逸在林口長庚醫院，已經換好衣服準備要進行手術，若嵐貼心地將父子手牽

手，為彼此打氣的感人畫面留下紀錄，沒多久許廣祥被推進手術房，進行肝臟割除，同時也做最後評估、確認。

這段等待的時間，勇敢的許子逸一心只想救父親，內心並不怎麼恐懼。一個小時後他也被推入手術房，準備切除約百分之七十的健康肝臟移植給父親。

一家人等在外面，卻個個攢眉蹙額未能交談。面對兩個親人躺在手術室，時間分分秒秒卻慢如牛步，吳淑卿的內心煎熬、如坐針氈。

她獨自到醫院後方的池塘邊重重跪下，長跪不起、淚流滿面地哭求老天爺保佑丈夫及兒子手術平安。

開刀房裡是她今生摯愛的兩個男人，即便三十年來經歷了婚姻過程的煎熬，對許廣祥的愛卻至深得只有自己最能清楚，只是好勝的個性令她不願對屢不離酒的先生示弱低頭。而唯一的兒子從小貼心，與其他女

從此父子同"肝"共苦。

兒一般，都是她得以好好活著的心靈支柱，這心如何能不揪緊，如何能平心等待？

手術之前，她跑遍了島內島外的廟宇，一間間拜過求過，就希望這個緊要關頭，他長年虔誠信仰的天地諸神都能顯靈來助一臂之力。

雙手合十，口中喃喃著祈求，平時文靜拙於言辭的淑卿，跪求蒼天時竟禱詞泉湧，不曾斷絮，也不知到底過了多久，等到孩子找到在炙陽下閉眼垂淚，顫動著嘴唇祈禱的她時，雙腳已麻木得無法站立，這十三個小時的歷程，是零敲碎受、是油煎火燎。

然，這煎熬人心的十三小時，何其有價值，不但將許廣祥從鬼門關中

門前馬路仍在拓寬中的068

給拉了回來，也還給妻子和孩子一個酒精之外那個正常的暖男，這次換肝，果真給一個家庭帶來重生的力量。

與父親同肝的子逸敞開腹部，露出那條長長、圓弧形的疤痕，覺得二十五年來，最有意義的事莫過於此，那弧形印記見證了家人深濃的情感，正如天使的微笑。

許廣祥自此遠離了檳榔和酒，因為他身上的肝，主人並非自己，而是那因孝義無反顧的兒子；他的生命也並非只要對自己負責，疾病為家人帶來的煩惱和憂心，他深深有感。一家人對彼此的情感終於在那一天釋放，正如若沂預料，那是家庭重生最好的轉機。

離酒專營068

說許廣祥是個有情有義的暖男，還真與他凡事滿不在乎的外在表現有所衝突，其實他心中的善良，若非經常相處實難感受。

曾有一位到澎湖自助旅行的客人，在沒有訂位的情況下來到068，飢餓的她央求能充飢便可，當年湖西鮮少小吃店或餐廳，也沒有便利商店。客滿的068要單為一個客人做

菜還真不容易，看著飢腸轆轆的年輕女孩，許廣祥讓她安心坐下，在其他客人點餐中都加量烹調，再分一小盤給她，本無菜可吃的反而整桌滿滿，讓她莫名的感動，兩人從此成為莫逆之交。

在面對家產分配不均的問題，他淡然處之，清楚自己浪蕩好賭，父母怎敢多給敗家的自己，但長大各自離家發展，澎湖僅他「留守」，他與妻子仍真心孝敬父母、照顧多病的兄長，對其他兄弟姊妹依然敬重和諧，毫不吝嗇，那財產不能平均分配的錯歸於自己。

樓梯間貼滿了家人的生活照

看今日世間許多為爭奪家產，兄弟鬩牆，揮刀至親的例子，他的淡然省悟誠為難得。

沒有被酒精麻痺的時候，他是一個愛家的人，會在孩子補習很晚才回到家時送上消夜，時不時會為妻子準備特別節日的禮物……

他對環境的經營有特別
的做法，在早期九重葛花架
下的麵攤，一小片天地卻有
屬於他的味道。如同068門外
小庭院簡單的的桌椅，鄰旁
古老的圍牆背景，偶而在那
裏喝起茶來，還真有令人懷
念的古味。

Family的壓克力牌，營造
家庭聚會溫馨氛圍

他喜歡一段時間便重新
佈置家具，東遷西移再加點
巧思，孩子打開門便有換了新家的驚奇。

孩子們陸續成家，068屬於家庭空間的三、四樓樓梯兩
側，貼滿他從年輕到兒孫滿堂的照片，每次全家出遊的回
憶，還有孩子幼時寫給他的卡片也一一收藏展示，那延伸而
上的梯牆，儼然播放著他一生的記憶。

他喜歡營造家庭氛圍，孩子還小時，一到過年他會集
中孩子，然後對他們說：「我存了一些錢，大家來摸彩！」
於是孩子們便喜孜孜地玩起抽紅包的遊戲。

或者：「我有大紅包，明天誰先來拜年大紅包就是他

的。」

　　於是，大年初一，孩子一早就趕著起床想要搶先，大家擠在樓梯口，爭著要第一個到爸媽房間拜年。

　　許廣祥有用不完的點子，這些點子在後來全家三代出遊或聚會時，更被孩子們將其加碼發揮得淋漓盡致。

　　他外在大氣卻心細如絲，浪漫的人其實心很軟，只要給予一點點溫柔的回饋，他就軟化了。

　　沒有酒的日子他常笑稱太清醒，人生便只有黑與白；笑稱與子逸，父子同「肝」共苦，身上的器官是兒子的，若想沾酒得經主人同意，因此即便他心頭癢癢，成天想再來狠

父親換肝後的許家，年年都有這樣溫馨的出遊。

灌一瓶高粱，仍能堅持珍惜新生。

其實，拿掉了那個已無用途，甚至差點令他致命的肝，許家大大小小間的溫暖，才真正全面散開。

孩子們常常帶著兒女回到068，併出長桌，Family的壓克力英文字牌立於一角，有時夫妻倆下廚，有時廚藝功力已被兩老加持過的女兒若嵐掌廚，三代同堂，常常聚會，好不溫馨。

每年，孩子們也總要延續父親以前過年休店，帶著大家四處旅遊的先例，安排家人一起同遊。出發之前共同企劃出遊地點和活動內容，甚至還設計當次活動的T恤制服，整個行程每每都有高潮。尤其，四個兄弟姊妹和另一半都與其他家人情感融合，這旅遊便無隔閡並充滿歡樂。

數著逐年增加的孫子，許廣祥與吳淑卿苦盡甘來，攬盡家庭的幸福。

孩子能彼此有向心力，情感凝結，除了許廣祥曾有的經營、吳淑卿的一路忍讓護著，不管丈夫如何嗜賭、酗酒，永遠不曾遷怒孩子，甚至不曾對孩子惡言，也是重要原因。在孩子面前，她永遠是那句：「爸爸心裡是最愛你們的。」

這讓孩子的心裡若定，知道父親仍是心地善良的那個父親，大軌道上偏移得不多，無論父母如何不協調，他們都會守著這個家，不會讓它分崩離析。

在這樣環境裡成長的孩子，大好大壞，懂事的體恤父母的辛苦，懂得分擔、知道努力；若是因此自暴自棄的，便走了偏路。

幸運的，許廣祥養著四個懂事的孩子；也幸運的，許廣祥換肝重生；更幸運的是，許廣祥把之前家庭缺少的凝聚與愛，在換肝戒酒後重新找回。

澎湖祥師一名廚

許廣祥會踏入餐飲界成為澎湖名廚，許多他年輕時代的朋友都跌破眼鏡，從小生活在優渥的環境，應是不沾鍋鏟，行船時又是輪機組員，怎麼下船沒幾年就成為精通廚藝

許廣祥會踏入餐飲界成為澎湖名廚，許多他年輕時代的朋友都跌破眼鏡

的主廚，還真令一干人費解。

　　談到068的祥師，是本地、外地人都知道的奇廚，他開餐廳，個性卻不屈不撓，說想說的話，批評想批評的事物，他不會為了迎合客人而隱藏自己的真性情，永遠做自己，重點是他的廚藝和口味還頗具個人特色。

　　然一個公子哥與主廚，確實令人難以連貫。那經年溫度高熱的空間，就像許廣祥常對新廚說的：「怕熱就不要進廚房」，他如何能耐得？

　　其實，許廣祥工作了七年的輪船機房，溫度更是讓人

許廣祥

熱不可耐，因此對於環境的適應，他相當怡然。至於接觸庖廚的機會，則源自於一次商船靠岸韓國，多情的他為了不必輪值晚班以便外出約會，自願將他薪水較高的助理三管工作與船上二廚交換，自此開始他廚丁的生活。

連丁香魚乾，都有個人特色。

雖然在船上擔任二廚的廚藝不必太精深，但也為無其他專長的許廣祥開了另一扇窗，尤其早期的小吃攤更給了他練基本功的機會，逐漸揣摩出火候與配料的控制，而真正廚藝精進期卻分為戒賭與戒酒兩個階段。

三十八歲戒賭的許廣祥，有較多的心思可以放在精研廚藝上，常一邊喝酒一邊思考菜色搭配，許多創意的菜色因此產生。五十八歲換肝戒酒，他有更多時間、心思在作法上琢磨、鑽研，如何才能讓客戶以品嚐、享受美食的心，去感受澎湖道地的食材和煮法，如何將澎湖味的吃法發揮極致。

　　他不斷地試做、請人試吃，掌握火候特點與調味，做出一道道最符合澎湖在地原味，又明確具有祥師個人特色的餐食，連一輩子跟在身旁的妻子都做不出同樣的感覺。

　　他的菜看來簡單不複雜，不會，也不需要太多的裝飾襯托，但食來卻能入心。他善於觀察，知道這個時節台灣客該給甚麼魚，澎湖客又該送上甚麼鮮味，他以符合客人需求的菜色搭配，果斷地做出該出哪些菜的判斷，出菜後往往讓客人驚奇讚賞。

　　他習慣為客人量身訂做佳餚。

　　對於吃魚成精的澎湖人，小魚的鮮嫩最易收服，有別於大盤上菜，他以小盤分裝，一人為你送上一條精心的烹調。

　　如此慎重地裝盛到面前，自然地目光便集中在那小巧，先欣賞這魚的姿態以及經過烹調後呈現的色澤，甚至精細到欣賞魚身的紋路，呼吸牠的鮮美，如同喝咖啡欣賞拉花再聞其馨香。

　　如此心情，品嚐即是細緻、用心而非囫圇吞棗，不至於辜負了美味。

　　對於只吃魚體留下完整魚頭的在地人，他甚至會毫不

來澎出外景的美食節目，絕不錯過068祥師的美味，但他卻有個性地不為宣傳而失了堅持。。

客氣的指責浪費，因為澎湖人都知道，不管大魚小魚，最美味、精華之處就在頭部，浪費食材，名廚看不下去。

　　對於外地來遊的觀光客，他也能依照客人對魚的品味，送上一盤最符合他們的佳餚，他深知太細緻的，非海口人吃不出精髓，一堆細骨反成折磨，這魚對他們而言就不能稱為美味，一片或一條多肉的魚塊，調以特別的烹飪方式，便能皆大歡喜。

　　祥師知道：最適合客人的菜，就是最好的菜。

　　有好幾年，經濟不景氣加上兵力削減，澎湖的餐飲業唉聲連連，許多餐廳與旅行社跨業合作，薄利多銷來爭取更多利潤的機會

　　那段時間湖西的觀光產業並不發達，068的營業額也不

068的金孫群

理想。但許廣祥便堅持不做一大桌兩千多元的生意，減去回饋抽成，可以用來在食材上的費用有限，品質自然下降，有違他建立068信用口碑的原意。給客人的一定是自己認為最好的，若非如此，他下不了鍋鏟。

當然，祥師對自己選魚的能力深具信心，連北辰市場賣魚的歐巴桑都說，全澎湖最會選魚的就是068的祥師，許多媒體餐飲節目到澎湖出外景，也一定不會漏掉到068訪問祥師，但他性格與行為合一的個性，並不會因為急需宣傳而失了原則。

2014年6月初,公視影片小組到068錄製影片,導演和製作人在廚房,與許廣祥因對澎湖魚的煮法產生歧見,雙方僵持不下,最後,整個攝影小組被他趕出廚房。

與澎湖的海鮮相處數十年,許廣祥對澎湖海鮮的烹調方式已運籌帷幄,不容他人質疑。

他堅持不用養殖魚做菜,覺得野生的和養殖的口感就是不同,懂得品嘗鮮魚的饕客絕對吃得出來,至於分不出養殖和野生口感的客人,他也要守住068這塊招牌的品質,所以非最好、最新鮮的野生魚上不了他的餐桌。

若說他的做法是提升了澎湖餐飲的精緻度,他並不贊同,對他而言澎湖本來就是最好的,澎湖的食材一直都是這麼好,他只是以更細膩的方式呈現。

對於一個走過三十幾個國家,嚐遍世界美味的人,能認為澎湖在地的食材就是最好的,這頗為不易,究其原因是他喜歡這塊土地、認同這塊土地,並深愛這塊土地。

長女若沂覺得:「他烹煮的是童年的記憶、母親的原味,但重新以自己的方式詮釋。」

澎湖人坐月子常吃的黑糖龍尖,在他的鍋內醞釀出令人唇齒難忘的鮮美。

許廣祥

　　拾回記憶、新法詮釋的同時，他也努力推陳研究出屬於個人特色，但仍深具澎湖屬性的新口味菜色。

　　微苦回甘的配色中，帶出主體的鮮甜，讓魚肉更顯美味，苦瓜石斑向來備受歡迎；以澎湖自泡酸菜，配上新鮮魚頭，食材特質協調也同時去腥，再以火候掌握逼出鮮味，酸菜魚頭的魅力無人可擋，令人垂涎欲滴。

　　068的規模界於大餐廳與小吃店之間，沒有大餐廳的派頭場面，卻給食客乾淨、俐落和飲食的精緻性。從澎湖縣政府開辦衛生比賽以來，068就連續多年獲得最高分的榮耀。

　　這部分，祥師將它歸功於「超級潔癖的妻子」。

　　鍋碗瓢盆像軍隊閱兵般井然有序；餐桌、地板、廚房、廁所每天逐步清理，擦了又擦；排油煙機每周都得拆下刷洗，從不見油垢……這位為068衛生環境把關的老闆娘，對餐廳的要求與其個性一般，眼裡見不得塵埃。

　　其實對兒女已然成家立業，並無經濟壓力的許廣祥，068這間餐廳已非他當年賴以謀生、養育四個孩子到大學畢業的生財用途。

　　現在的068是好客的祥師廣交朋友的地方，他生來「不甘寂寞」，不只在廚藝，連與人互動都有個人特色，個性

急，有時說話直接不囉嗦，喜歡就是喜歡，不喜歡就是不喜歡坦率的個性，乍看並不圓融，一旦認定是可以深交的朋友，他掏心掏肺慷慨大方，屁仔囝的任性，卻也是他可愛之處，因此結交摯友無數。

　　無師自通卻在餐飲界闖出名號的祥師與妻子，其實走過跌跌撞撞，自我摸索的年代，即便感情也是如此，在已然開領老人年金的年歲，兩個人補足婚前未曾走過戀愛甜蜜的遺憾，一起出遊、疾病相持，早年極少相牽的手如今常緊緊繫著，婚姻到後段越顯甘甜的感覺永遠不嫌太晚，如同長女若沂自幼即知父母會緊守這個家的完整，那愛，其實早在心中引燃……

言行始終如一的許廣祥，豪不作做。

玻璃心

圖.文／沈淩

澄澈底璃是妳底眼
遠流而去的
在無名的陰鬱裡
淌溢濕潤

山高水必長流
雲深復添雨意

而妳高渺於上
卻以落石之速
墜心

在剎那崩落
毀滅粉碎飛灰裡
便見它

如是淚垂……

重　生

圖.文 / 沈 凌

倘使
等待可以讓你看見未來
千年
又算什麼
不過是雪花飄過的冬季
風雲遷移而已

守著嚴寒
我只為重見新綠
當季節走過
生命又回歸初始
迎接的
僅是那弱如星光底期待
軟融冰封後的塵土

化後的雪白
滋潤黃褐泥裡底新生
而你的心重生了？
抑或
仍畏寒著冬季的餘波
仍凍著那樣的結

蔡長壽

細姨囝仔真捌想　　骨力打拼毋驚苦
　　蔡長壽服務好口碑打出一片天

　　夜幕低垂，南方海域，點點漁舟裡華燈初上，一盞一盞地在深邃暗黯的海洋中甦醒，星辰與漁火相輝映，宛若海上繁華的不夜城。

　　古早的古早的古早，這案山漁火為先民奠出了生機，在流光閃爍的豔麗下，卻也映出幾許暗夜孤寂，雖無江楓與滿天霜華，長岸漁火依舊心有牽掛地冷冷對愁眠……

定國離鄉取細姨

民國三年(1914年)蔡
定國，出生於日據時期澎
湖馬公內灣突出的半島，
半島隔岸不遠處，有一個
退潮時相連，漲潮時被海水隔離獨立的小島，由於位處暗澳
的澎湖廳衙門前方，形狀像古代官府的高腳桌(即案)，故名
為案山，半島則名為大案山。

大案山前的海域，沿海避風，又漁產豐富，一年四季
漁船都能出海作業，因此村民都以捕魚為業。

每逢漁汛期間，人們沾惹柴油點燃一根根高粱莖桿，
或架起木柴堆火照明，潮間帶夜照章魚、淺海區圍網捕撈，
漁事繁忙。再加上一組組捕撈趨光性魚種丁香及鱗仔魚的照
罟船，海域的夜晚燈火點點，有如星光漂浮洋面、明珠散游
海上，漁火倒影，織羅繽紛波汐，在黑夜的深沉帷幕前特別
顯亮。這一絕美景緻，是為開澎進士蔡廷蘭盛譽的澎湖八景
之一「案山漁火」(照罟:澎湖語，音為「糠鐕」)。

大案山的海洋資源豐富，居民靠海維生，大目船舟泊

滿海岸，晴朗的白晝或星光明徹無風的夜晚，人們搖櫓出航，網得一舟舟豐厚的漁獲。尤其是夜照鱙魚，是大多數大案山人的經濟收入，但卻得日夜顛倒，犧牲夜晚的睡眠時間，因此，澎湖有句俗諺說得挺貼切，「嫁案山，吃番薯簽干，配鱙仔爛，半暝無翁通相伴。」(意指嫁給案山人為妻者夜晚無夫相伴)

而，歸航進灣的小船在潛水區椗泊，漁人捲起褲腳與袖腕便急忙躍入水中，一簍簍沉甸甸的漁獲上肩，腳步沉穩，心情舒緩的涉水而返，數百年來已成此地居民代代相傳的生活軌跡。

然，蔡定國出生後的第三年，日本規劃在該處闢建海軍軍港，陸續將居民遷村至半島北方的小案山，填平半島與小島中間的海域使成連結，改稱村落現址為「大案山」。自此，原居地成為戒備森嚴的軍事區，並重新命名為測天島，居住於半島的案山人與原鄉斷了連線，即便是賴以為生的行業也被迫轉型，「案山漁火」景致也自此消失。

遷村至原為小案山的居地，日本政府重新規劃村落，有別於澎湖傳統，為防海盜曲折小巷的棋盤式村落於焉形成。

　　由於原鄉的土地盡失，日府便補以每戶近百坪土地，地上建以三合院落，原本以漁維生的案山居民，大部分安排進入海軍工作，只是薪資微薄，許多人下班後仍兼做農務或海事，勉強維持生活。

　　蔡定國是家中長子，從小就抱來一個新婦仔，準備長大後和他送作堆。及至成年，父母果真讓他兩做大人，也陸續生了一男一女。(送作堆：成親。做大人：指圓房。)

　　但兩個從小一起長大的孩子做起夫妻來，情感硬是不同，個性不合讓年輕的蔡定國毅然離開澎湖跟著叔公到嘉義做鐵工。

　　在嘉義，他認識了家住台南新化，人稱阿鳳的林好。阿鳳個性溫婉袂拗蠻，蔡定國看了真意愛，兩個看對眼的年輕人便自然成為夫妻，生活單純卻甜蜜。(袂拗蠻：不蠻橫)

身兼數職無地位

　　然，日據時期最後幾年空襲的紛亂讓生活更陷苦海，即便已經由國民政府接收，許多殘局並非短期內可以復原。蔡定國於是帶著細姨和孩子返回澎湖，之後到海軍第二造船

廠工作，與大某同在一個屋簷下生活，陸陸續續和細姨也生下了八個孩子。(大某:大老婆)

海軍第二造船廠的工作穩定，但父母、大、小老婆同住，十幾口之家，也只能領三口的米糧，區區幾千元收入並不足以養家活口，蔡定國又是一個下班後偶而才跟隨漁船出海，且喜歡釣魚娛樂，不計收穫的人，要養一大群人根本入不敷出。

來自台南的阿鳳，便要承下許多工作才有足夠的食糧並貼補家用，在傳統，細姨低下地位的家庭，她的生命自此改變。除了包辦家裡所有的雜物，還身兼數職，有時種田、有時去潮間帶漁作，有時到炸粿廠幫忙碨碓，磨一斗米加減賺個幾塊錢。(碨碓：台語音，意為用石磨碾米漿，唸為「威璀」)

天仍暗黯，蔡定國家的廚房已燃起煤油燈火。

阿鳳早早起床燒起大灶，稀粥在灶火吡吡剝剝猛烈聲中催熟，燒了幾道小菜，把一家十幾口的早餐準備好，裡裡外外又打掃了一遍，天已微光，伊急急地提著一大桶沉甸甸的衣服，往井邊趕去。

秋的清早井水冰涼，顧不得冷冰冰的寒意，汲了幾桶

水，洗起衣服來。

「汝攏真熬早」(你每天都很早。澎湖語你音為
「陸」，為汝的漢音)

阿春姨來得其實也不晚，但總不曾比阿鳳早過。

「若不早早來，愛洗嘎日頭曝尻川。」(愛：要。曝：
曬。尻川：屁股。)

這十幾口的衣物，還真是難為了她，衣服雖多仍洗得
儘功夫，伊總是第一個到井邊，村內婦女才三三兩到來，她
已提著洗好的衣物趕著回家，太多事情等著做，一刻也浪費
不得。

伺候一群人吃完早餐，阿鳳趕緊到門口晾好衣服，就
提著鈎籃和耙子要到田裡工作。

在以農耕、漁業維生的澎湖，人力是最重要的生產工
具，因此幾乎都是一個大家族住在一起，以方便相互合作。
蔡定國一家住的三合院便是兄弟共有，各分左右兩側。正廳
的左房是他與細姨、孩子們的房間，側門外的空地又加蓋了
一間連著屋子的小房，大某和孩子就住在那裏，護龍的廂房
是父母的房間。大廳右側歸叔叔所有，一大家子分住兩個房
間。

才提著洗好的衣服回來的阿嬸，語重心長地說：「汝自己身體要顧，不通操嘎按呢！」(家己:自己，整句意為自己的身體要照顧，別如此操勞。)

「嬸阿！阮知啦！阮會細膩」阿鳳這麼說是讓阿嬸放心，伊不做是誰人來做？這一大家子怎麼過活？(細膩：小心)

接下來要做的是田裡的活兒，接近中午才回來煮飯，吃完中晝頓再到炸棗場碾礱，一天約莫也可以賺個十幾塊。如果退潮正逢下午，她便到潮間帶採撿一些螺貝或海菜，可以做為三餐的配佐，如果退潮時間在上午，她的農作便移至上午。(中晝頓：午餐。)

做完晚餐可也一刻不得閒，剝土豆仁、磨秫秫，事情

蜂巢田裡的翠綠花生園

做也做不完，還好像會多生出來，村里的人都說「伊的身體是鐵打的，攏塊動」。

(秫秫：高粱。攏塊動：都在勞動。)

這鐵打的身體磨

久了機器也會故障。

有一次不知怎地就無法進食，陳定國也看不出原因，索興不去管她，看看過一段時間會不會好轉。但日子一天天過去了，依舊是食物只要一進胃裡馬上就翻吐出來，本就不見肉的身體沒幾天便消瘦得有如皮包骨。

阿嬸實在看不下去了！

「定國啊！若擱不去看醫生，會沒命啦！若是出事，汝怎樣向台南的親家交代？」

陳定國此時才覺得事態嚴重，帶著細姨去馬公看中醫，原來是操勞做到胃凝血，回到家卻仍連喝中藥也吐得到處都是。

那次，這可憐的小細姨差點沒命，慢慢調養身子好不容易好轉起來，還沒個大癒卻還是得開始工作。

雖然如此，這蔡定國不知是耳根子軟還是為了面子，就聽不得大某說細姨的不是，打起阿鳳來跟打日本鬼子一樣。

這日，下班後出海釣魚回來，不知是漁貨欠佳還是大某又告了甚麼狀，或是三姑六婆又多嘴說甚麼細姨的不是，他一臉兇沉。

　　秋風輕起的天空已有些灰濛，星光不耀，朦朧的弦月躲在雲後，遮掩大半僅存的月光。大某和她的孩子早已掩門，阿鳳的孩子阿壽，見這暮靄籠沉的景況已經看出端倪，便和大哥急急地帶著弟弟、妹妹躲進房間，他們知道母親又要面臨一場硬仗。

　　在天井一側，女人忙著蹲洗著碗盤，男人硬實的拳頭不分青紅皂白地從頭部捶去，這重力讓她不由得倒傾在地上，錫盆被身體壓翻濺了一地髒水，碗盤騰空飛出再重重匡啷匡啷地碎落。

　　還來不及起身，蔡定國便從右肩抓起細姨，一揮拳正中右眼卻不停手地再補幾拳，阿鳳的兩眼與臉頰已經一片烏青，頭腦暈眩已然站不穩腳步。

　　孩子們早已驚嚇得瑟縮在通鋪床上的牆角，隔著一道門外，母親的慘叫聲令他們心疼又害怕，緊緊抱著縮成一團，抽抽噎噎不敢放聲大哭的弟弟、妹妹，阿壽和大哥也淚如雨下。

　　「了然喔！汝毋通遮爾夭壽!」住在對房的阿嬸實在看不下去。(汝毋通遮爾夭壽：你不要這麼缺德)

　　蔡定國雖然剎住了，還硬是補了抱著頭倒在地上的細

姨兩腳，口中謾罵兩句才逕自走出天井。

那次被打，阿鳳只要一見光便暈眩，必須用一條厚毛巾矇住雙眼才能減緩頭暈的不適，只是工作還是沒得替手，她常摸著黑繼續做事。

經過很長的一段時間，好不容易怕光的狀況改善了！卻還常聽她唸說：「目珠一直攏花花看袂清楚！」(眼睛常常朦朧看不清楚)

想來那常常被打的後遺症，是要一輩子都跟上她了！

常在暴力下受傷，身心雖然痛苦，她卻仍死守這個家，為了孩子阿鳳什麼苦都可以忍受。

兄弟為母分擔做

細姨的二兒子，名為長壽，在暴力籠罩且生活環境不均等的家庭長大，看著母親長期受苦自小便明眼懂事，小小年紀便自動分擔阿母的工作。

六歲的阿壽體力不大，但用小耙子幫阿母剉草、剷草他還做得來，母親的辛苦她自是看在眼裡，可以幫上忙的絕不推諉怠惰。

蔡長壽

　　他常和哥哥一前一後挑著水桶到井邊汲水，再一桶一桶挑回家裝滿水缸。有時也從屋外茅廁後方的屎坑，用長柄的勺子舀出水肥裝在木桶裡，挑到離家最近的北極殿後方那塊菜宅幫媽媽施肥。雨後的屎坑屎位高昇，肥肥胖胖的白蛆成群在屎堆裡蠕動，雖然早已習慣，卻仍不免想要掩鼻。(菜宅：蜂巢田，澎湖人圍牆用以擋風，讓蔬菜作物得以稍避冬季寒風的田地。)

　　年紀不大的兩兄弟挑起沉重的擔子，前低後高加上節奏不一，水肥常沿路濺出，有時噴在兩兄弟的腳掌上，也得一路忍著惡臭挑到菜宅。

澎湖的蜂巢田

　　有一次，長壽採到滑石，一個踉蹌便跌倒在地，整桶水肥傾倒，淋得前後兩兄弟一身屎尿，白蛆當然也跟著沾滿全身，年紀尚小的長壽被這景象嚇得哇哇大哭，還好哥哥鎮定得馬上帶他到路邊的水井，汲了幾桶水從頭上淋下，好不容易沖去那令人恐怖的糞蛆，但身上的水肥味，硬是洗了好幾次澡都還沖不掉。

　　那次的經驗，讓長壽與哥哥心有餘悸，但為了分擔母親龐大的工作量，他們無法因害怕而不做。之後挑肥，兄弟倆都像挑著玻璃桶，猶恐不小心就碎裂了般地步步為營。

　　長壽漸漸長大，進入石泉國小就讀，每天要從案山經暗澳底(今東文里)的空曠旱田，走五十分鐘的路上學，路程並不算短。

　　泥土路上，長有野草，赤腳走在路上不只褲管上黏了一堆草，還常被南國薊刺得哇哇叫。

　　更甚的是平躺在地上，俗稱「三腳釘」的蒺藜，常讓人不經意地踩到，被它「菓如其名」的果實刺著，那疼痛感還真與小釘子穿進肉裡不相上下。但整條路上「三腳釘」似乎神出鬼沒，很難時時注意到它的存在，長壽每每要唉唉叫地，邊走邊拔掉那扎進腳底的刺硬球。

俗稱三角釘的薊蒺藜

　　冬季時逆著北風上學，無形中好像有一股強大的推力，阻著他前行的腳步。在空曠處，風力肆無忌憚直接迎面而來，兩兄弟常被十級狂風吹著「倒退嚕」。尤其經過暗澳的上坡路，小小的身軀常被吹倒滑落坡下，為降低受風面，他和哥哥每走到這個坡段，便把書包後背，四肢著地像蜥蜴般爬行上坡。一路逆風而行到校上課，好學的他總是班上最早到校的學生。(倒退嚕：被風吹著腳步後退樣)

　　其實，上學之前，兩個小兄弟早在五點起床，挑水裝滿水缸，也為菜宅的蔬菜澆好水，讓忙碌的媽媽能夠少做幾份工作。

　　早期遷村，只發得一小部份土地的蔡家，也東擠西湊地在暗澳底購得一塊田地，才能種植足夠一家生活的作物。這塊土地離家較遠，年紀大一點時，長壽挑糞來施肥，也得走近半個鐘頭。阿鳳最常在這塊田地工作，因此長壽與大哥放學後並不直接回家，反而轉走到家田去幫忙除草或收成作物。

　　夏季四點多，澎湖的烈日依然高掛空中，赤焰尚未減退，母親包著只露出兩眼的頭巾，在大太陽底下抱起一綑綑被澎湖烈陽收乾水分的番薯藤。

　　兄弟倆脫下白制服塞進書包，也馬上幫忙搬到牛車上，沒多久時間，這赤裸的肩背便曬得赤痛。

　　地瓜藤高高的裝滿一車，阿母用粗繩索綁在尾桿，交叉甩過捆住另一面，緊緊地繫住左右兩側，這藤便安穩地不會因車行震動而有所動搖。阿壽和哥哥最喜歡坐在疊高的瓜藤上，居高臨下地特別有威風感。有時仰躺在藤堆上，輪和著唱起歌來，黃昏的微風消去熱氣，在高高低低的牛車路上一路晃回家，常不知不覺地就這樣睡著了！

　　就像夏日盛暑的夜晚，擠在一個一個小房間悶得睡不著的人們，捲了條蓆子，到鋪著石頭的的北極殿宮口埕，席地而睡的場景。(宮口埕:廟前廣場)

　　廟埕上橫陳著五、六十個老的、小的，熱鬧滾滾，有時還一位難求，但夜晚的涼風一吹體熱全消，舒適得很，進入夢鄉不消多時。

　　「到厝囉！」阿母停下牛車，看藤堆上的孩子沒動靜，吆喝著，兩兄弟才驚醒的慢慢爬下來。

才小學一年級的阿壽和哥哥也不得閒暇，開始分工煮飯和切煮豬菜準備餵豬，讓母親可以專心幫年紀更小的弟弟、妹妹梳洗。他們盡可能地自己多做一份，讓阿母可以少做一些。

談到養豬，這年頭是既可增加收入的家庭副業，又是除了人的排泄物外能有農作肥料的方法，所以每個家庭的豬稠裡，大概都會畜養一、兩隻母豬。

母豬生小豬，養到一定大小便通知豬販來收購。如果要賣的是大豬，就得用上豬公秤。

豬販的豬公秤，每隻可秤的最大重量不同，有的最多只能秤八十公斤重，有的則可多至兩百公斤。當然可秤重量越重的，秤桿長度越長，秤錘也越重。

賣小豬或大豬不是常有的事，孩子便覺新奇。尤其是大豬，幾個大人跳進豬稠，豬販指揮助手：「汝掠前腳，我抑後腳。」(你抓前腳，我壓後腳。掠：捉，音「ㄌㄧㄚ」。抑：壓，音「乜」。)

一陣手忙腳亂制伏豬隻，四肢被綑綁的豬仔不停地咿！咿！叫著，還是被倒栽過來，用豬公秤秤重。阿壽曾經好奇地去想要試試，那個快比自己頭還大的鐵秤錘到底有多

重，卻硬是使盡力氣也移動不了它。

　　因為看過許多次秤大豬的情景，等到學校課本裡教到「曹沖秤象」時，他還滿心狐疑。未曾見過大象的龐大，便覺曹沖空有豬公秤不用，還動用船和石頭，一點也不聰明。

　　為了能有農作的肥料，阿母一得空便去渡船口南側的海岸，載海砂回來鋪在豬稠裡。時間一長，海沙泡在豬隻的屎尿裡成為最好、最自然的肥料。冬天一到，田裡的作物收成完畢，阿壽和哥哥便把沾滿豬隻水肥的肥料沙耙出來，讓阿母用牛車運到田裡。泥土上鋪灑一層沙肥，牛犁翻土混合變成更鬆軟又有植物需要的養分的沙土，這肥料當然是----天然的尚好。

海田育養千萬民

　　中洲仔和渡船頭附近的海域，一處微陡斜坡下的海域深度夠深，五流時船便可以靠到岸，無須下海停船，再脫鞋擎褲跤涉水上岸。(五流：潮水漲滿稱十分，五分滿即五流。擎褲跤：捲褲管的台語音)

　　尤其退潮時一大片海坪與暗澳海連結，裸露在陽光下孕育許多豐富的生命力，居民下海撿拾各種生物，殼仔、螺仔一年四季未曾斷過，下海者不曾空手而回，這海域滋養著周邊幾個村落村民的生計。

　　潮水漸退，人們架網「闐湖」，等待漲潮時漁網浮起，綱舉目張地攔截隨著潮水而來的漁獲，一個潮汐，便能豐收許多俗稱「碗米仔」的曳絲鑽嘴魚，和體肉微微透明俗稱「沙腸仔」的沙梭魚。(闐湖：唸「眨湖」，即攔魚的澎湖腔音，澎湖語「魚」的發音為「湖」)。

　　更向海中走去，是一片澎湖少見的深色沙灘。淺淺的海水乾淨清澈，背著魚籃，站在海砂處就釣得到碗米仔。阿壽的父親蔡定國最喜好這種魚兒上鉤，每當一尾尾的碗米仔裝滿魚簍，心中便充滿著成就感。

　　對岸發電廠下的海域，每到章魚求偶季節，夜晚的潮間帶，成熟的章魚四處爬行，許多人提著電土燈夜照章魚，電土燈火經過燈罩反射，光線頗強，章魚幾乎無所遁形，這裡的章魚身形較小，猶可徒手抓取，若外海的大章魚就得用長鐵刺刺穿身體，尤其遇到會咬人的紅章魚，甚至得特別小心。

　　長大後的阿壽也曾到發電廠的海域照章魚，對那豐富的生態印象深刻且讚嘆不已。

　　其實測天島海軍基地海域的生態也頗為豐富，只是已劃定為軍區自是禁地。阿壽偶而會走過頭到南迴的海砂地挖取魚餌，不小心靠近禁區被衛兵發現了，便會驅趕離開。那裡很多白蛤仔，沿海有珊瑚礁也比較釣得到魚，衛兵其實也通情理，若是不移動地僅在那裏定點釣魚便睜一隻眼閉一隻眼，任由漁民盡情垂釣。

　　大約十月到隔年正月，澎湖人稱之為「青菜仔」的海菜便翠綠了部分海域。如同梅花，天氣越冷它越能大量生長，到了夏天，受不了暑熱就自然軟爛，但隔年冬季復又

摘採海菜後洗海菜的婦女

「寒風吹又生」，大自然的生命力果真令人驚嘆與佩服。

　　案山的海菜在澎湖的海域裡算來不是大宗，但仍足以讓一家人多有配菜，與後來人們退潮後在潮間帶的石頭坪上採海菜不同的是，案山人在海水將海菜浮立起來的淺水區，雙手抓住「迷A」逆著水流刷過一絲絲綠色海菜，它便卡在竹條上，快速且不易帶起太多砂石。

　　所謂的「迷A」，早期澎湖討海人都識得這個「溜」海菜的工具。

　　阿壽家的「迷A」是用一支大概2尺長的竹竿做出來的，每隔兩、三公分寬剖出一條一條細長的竹條，但留住握把部分不切斷，方便抓握使用。

　　年紀更長，有幾次他和哥哥相約拿著去溜海菜。

　　看著海面上一大片隨著波浪擺動的青菜仔，如同精靈輕甩著綠色長髮，在水中舞出輕快曼波，在濕冷的北風中泡在水裡一個多小時，雖然寒意透身，也各溜了滿滿一大鈎籃的翠綠，心中很是滿足。

　　清洗乾淨的海菜，或直接烹調，或曬乾儲存，做成麵粉煎餅、清炒煮湯營養且美味。這困苦年代居民重要的糧食之一，後來卻成為澎湖外銷國外的綠金，「青菜仔」述說的

是一頁頁菊島海田傳奇，與地方生活的演變史。

　　民國四十幾年，從案山要到馬公有水路與陸路兩種方式。最快的方法當然是到村邊的渡船頭，花三、五塊錢搭船到隔海相對的第一漁港，七、八分鐘就可以到達。

　　民國四、五十年代，第一漁港是澎湖漁貨起卸、販賣中心，漁船來來往往數量龐大且密集，在案山渡船頭遠遠遙望，魚貫進出港口的船隻形成另一種忙碌的風景。

　　其實不只案山人運用海線直達對岸，許多家住前寮、石泉或菜園的人也到案山渡船頭搭船，尤其一早要到啟明市場添購物資的民眾，等在渡船頭前常是熱鬧得人聲鼎沸。

　　阿春姨常是最早到渡口等船的，她是村內經濟環境稍微好一點的家庭，每早要到市集裡替她的柑仔店補貨。

　　「天氣遮爾好，今仔日漁船又多了，有得走。」抓起「嘎主」，她悻悻地爬上渡船。(嘎主：早期一種塑膠線編織成的提袋)

　　船隻滿載了，船主一聲吆喝：「坐後隻！」，本來排在隊伍上的人們又各自散去，各找了地方坐下等候下班船的到來。這會兒，有五、六艘的民間經營的帆船在載渡，一艘約莫可以乘坐近二十人，很快就能搭上船，他們倒不急切。

阿春姨的抱怨是有原因的。

冬季，渡船到對岸後可以直接停靠第一漁港的內港，從那裏走到啟明市場才五分鐘不到的路程。但夏季，作業回航裝卸漁獲的漁船停滿港內，渡船便只能泊在遠遠的外港，民眾下船後再徒步走進市區，東走西繞的，起碼也多個十來分鐘，還得汗流浹背。

只不過這時間　算來算去還是比一般連三、五塊船票都得省的貧困家庭好太多了！

像從小目睹家裡的生活狀況，早熟地下定決心長大後要改善家裡的經濟狀況，也立誓絕對不讓自己的妻子像母親一般辛苦的阿壽一家，就只能選擇走遠路。

過年期間，阿壽家孩子高興地穿著明天就得脫下來，留待明年春節再拿出來穿的新衣、新鞋。媽媽在每個孩子的口袋裡都放了二十塊錢壓歲，但千叮萬囑不能使用，過完春節便要收回作為家用。

阿壽腦裡卻攪動著如何在這小段時間用這二十塊來賺點錢。

於是他從案山沿著大馬路走過東文，再經西文的文澳海邊，轉走發電廠和海邊造船廠間的大馬路。九歲孩子花了

近一小時的時間走到中國行附近，再花將近一小時的時間回程，為的是去買一盒十塊錢的黑肉雞。(黑肉雞：澎湖人對抽當之稱—台語發音)

買回抽當，阿壽便到孩子聚集的北極殿前，攤開盒子讓大家來抽，孩子一擁而上，圍著這個小老闆搶著要付錢抽牌。

趁著過年的時候，大部分人有一點「消費能力」，他得動腦做生意。廟前的孩子抽完，阿壽還會沿著村落的巷道，尋找小朋友聚集的地方，兜售「黑肉雞」，很有遊說力的他，生意不差，一盒約莫可賺個一、兩塊錢，甚至還有餘貨可以留下解解自己的饞嘴。

賣完了一盒，他會再走同樣的路線，買回另一種式樣的抽當增加新鮮感，一個春節下來不僅原封不動地把二十塊錢還給母親，自己也能有一點零用錢可以買學用品，因此每年過年他都如法炮製。

這生意頭腦沒人教來，在辛苦的環境中長大，自是激發了他在平常的生活節奏中，如何賺取利潤的思考潛能。

(案山漁港和第二漁港陸續建造，加上第三漁港填海造陸，案山與暗澳、發電廠間的潮間帶已然消失。)

造船一做二十年

　　阿壽雖然忙於幫忙阿母的家務，功課可也未曾落後過，國小時他以第三名的成績畢業，考上當時初中第一志願省馬中，成績也都維持在中等。

　　民國54年，蔡長壽自初中畢業，雖然想升學，但上有五個長輩，下有六、七個弟妹都陸續進入學校求學，一個家庭的花費光靠父母和在布行工作的大哥，生活壓力勢必持續，於是他想學個一技之長幫忙賺錢。

　　自日據時期起，三官殿前的五里亭海濱(今阿東餐廳一帶)便林立著造船所，蔡長壽畢業時，共有澎湖、澎興、顏遜、豁然、光陽、開南、興周、義和等八家。他便至其中的豁然造船廠學習造船。

　　船體的弧線，釘合需要技術，不夠貼合便易進水，因此是個極為專業的行業，薪水自然比木工及板模工多上一倍，技術性加上辛苦度高，能持久學習的並不多，但一天一百二十元的薪水，對蔡長壽而言是值得久做的的動力，他在造船業一待就是二十年。

　　初到造船廠，他和十幾個年輕的學徒住在一起。

天仍昏黑，老闆便喚
醒所有的工人。五點不到，
學徒們便推著車子到碼頭，
將貨船從台灣運來的材料搬
上推車，再從第一漁港(今
石滬廣場前)推到造船廠。

造船的材料沉重，尤其從漁港到造船廠位處的五里亭
路途不近，在搬運及推送過程常是體力的考驗，即便清晨的
氣候微涼，學徒們仍滿頭大汗氣喘吁吁。

豁然造船廠業務繁忙，常一次同時接造四、五艘船，
學徒和師傅休息時間便短。吃完早餐，油漆船體和推運材料
交替進行，中餐後再推運材料。

學徒們幾乎是在這兩項工作交替中度過，耗盡體力日
復一日。

因此，許多人待了一年就離開了！知道學一手功夫對
未來相當重要的蔡長壽，因為想增加收入堅持留下來，他也
深知未來要自成家庭要養家活口，沒有一技之長勢必難過。

這日，蔡長壽體力幾乎不支，許多學徒都已離職他
去，他的身體似乎也不停地要他去做比較輕鬆的工作，想到

母親的辛苦，卻只能咬牙撐住。

拿起筆，他在紙上寫了一個大大的「忍」字，貼在床頭時時提醒自己得吃得了苦。

其實學徒的三年間，蔡長壽真正學習刷油漆或技術的時間只有十幾天，其他時間，他與其他學徒一樣都是在推材料。但認真積極的他等不得三年後才能開始學造船的技術，常利用十分鐘休息的時間，走近師傅身旁仔細觀看他們的操作方式「偷學」技術，腦海裡一邊練習著如何做會更好。

他深知師傅不可能撥出足夠時間來教你，想要提早學會或多學，就必須靠自己主動觀察和體會。

三年學徒熬出頭，終於他可以開始參與造船了！

「三年師仔攏是搬材料，你哪會攏捌？」熟門熟路的蔡長壽讓帶他的師傅相當訝異！與其他學徒太不一樣，不但熟知每個步驟，甚至連進材料的費用都會估算。(師仔：學徒，音似「塞ㄟ」。)

於是他快速地參與豁然造船廠的造船工作，認真學習與研究，讓他的技術更上層樓，在造船所裡堪稱數一數二的好師傅。

繼續在造船所工作兩年，蔡長壽接到服役通知，民國

58年他入伍當兵。

而擁有一身好技術的大哥在台南努力了一段時間後，也將成立童裝成衣廠。蔡長壽盤算著退伍後要到造船業更為發達的台南發展。

就在退伍前夕，造船廠老闆黃豁然，親筆寫了好幾封信寄給蔡長壽。很多人學完技術就離開，場裡造船師傅人力不足，黃老闆每封信都再三拜託他回去幫忙。因為感念當初在「豁然」學得專長的恩情，退伍後他真的回廠工作。

而此時，正是公司最艱困的時期，替人作保的黃豁然遭魚池之殃，財產被查封。經濟困窘得無法按時發出薪資，有些師傅因此離開，人力更加吃緊，相對的每個師傅的工作量也更多。

勞工福利未曾被看重，只有固定月薪沒有加班費的年代，蔡長壽提早去上班卻延後下班，每天早上、中午和晚上都主動加班。他的觀念是「以客人需求為要，及時讓船能夠準時下水為重」，因此只要交代好要修繕的部分，不用派人催促或緊盯，一定能準時交差。

「阿壽啊！真多謝汝日也趕工暝也趕工，一點意思貼汝加班費。」

　　來自龍門的船主阿福，拿了紅包要來取船。老實的鄉下人看出長壽修他的船時都沒得休息，總是不好意思，也滿意功夫好、修得快，不曾耽誤他出海「賺食」的時間。

　　「免啦！這是應該的，會赴就好。」阿壽不曾再多取一分錢。(賺食：賺錢謀生，澎湖音唸「探加」。會赴：來得及，澎湖音唸「ㄟˇ虎」)

　　認真、實在、守信用，他獲得許多船主的信任，船一進港總忘不了阿壽，每每都有船主送來的鮮魚可以帶回家享用。

　　他重視人與人間的感情，不曾把金錢擺第一，多做額外的服務，希望顧客因此信賴及感動，往後需要修繕，第一個會想到阿壽。

　　造船廠慢慢地走過危機，也陸續進了十幾個學徒，已對這個行業有深厚專業技術與精準材料預估能力的蔡長壽，便也幾乎負責整場的工事。

　　從小養成凌晨早起習慣的蔡長壽，帶著10幾個學徒，旺季時安排他們在搬運材料的空檔幫忙刷船體的油漆；淡季工作量少，便利用退潮時間清理延伸入海的船道。十幾個孩子把覆住船軌的爛泥剷入畚箕、肩著扁擔挑上岸來，人手多

做得也快，等到旺季時船便能順利上、下架。若逢漲潮無法入海作業，他帶著做車床等機械用具的整理、保養，一刻也不得閒。

雖然只是領人薪水的夥計，他深知沒替老闆賺更多錢，公司如何能繼續經營？天底下沒有「錢多、事少、離家近」的好工作，營運不好公司自然倒閉，員工也失了謀生的頭路，努力為老闆工作當然對自己有很大的好處。

雖然讓學徒一刻也不得閒，但蔡長壽也不忘慰藉這些成長中的孩子，炎炎夏日他自掏腰包買來仙草冰或是飲料讓大家消暑，偶而也買些零食讓他們充充飢，因此學徒們對蔡長壽有一定的向心力，常常壽哥！壽哥！叫得親切，遇有突發狀況或額外的工作也只有孩子眼中的「壽哥」才使喚得了他們囉！

五金事業一人撐

在造船廠裡，蔡長壽儼然成為頭號師傅，老闆的二女兒比他小兩、三歲，每次到市場買菜都請阿壽相載。

放下工作，洗好雙手，阿壽發動摩托車便載著女孩往

菜市場出發，沿途兩個年紀相仿的年輕人也很有得聊，常有說有笑地一路來回，阿壽對這個自己人生中第一次載送的女孩也很有好感，心裡默默喜歡。

　　許多人看好兩個年輕人的互動，老闆夫婦對長壽的認真和人品也非常欣賞，當時坊間傳言是：「阿壽會娶頭家的女兒」。

　　但在艱困家庭長大，心中的自卑感是無法一時抹去，以一個工人的身分自認不敢高攀，所以即便老闆或許有意將女兒許配給這個為造船廠付出許多心力的好員工，阿壽也不敢妄想。

　　再加上他曾聽聞女孩的朋友提及，她曾說過自己理想中的對象是有學識的男人，一介工人更自覺卑微。

　　然，這件事在長壽心中，卻留下激勵自己奮鬥的正向意義。

　　他心中萌生要努力打拼出自己的事業，才會讓別人看得起，讓辛苦的母親可以過更好的生活的期望。更對今日因身分懸殊，無法迎娶老闆女兒的失落感，他堅定地在心中立誓，往後一定要娶一個背景相當的妻子。

　　自此，他更努力於工作，早上四點起床，五點就開始

自己接些烤漆的工作，早上6點多正式上班，午休時間和晚上下班後，也繼續接工作來做，辛苦過來的孩子勤勤懇懇地像鐵人一般，只要能有錢賺就不曾想到休息。

阿壽的努力許多人看到了。

除了街坊鄰居，常有人要把自己的親戚的女兒介紹給阿壽，媒婆阿茶對他最為緊盯。

「隔壁庄莊先生的女兒很賢淑，配汝會得過，找時間見一個面。」

阿茶用盡唇舌要把莊家女兒的優點，一股腦兒都倒給阿壽。「莊先生經濟袂穩，嫁妝袂給汝少去，是好對象。」(袂穩：不錯，音似「美賣」，袂：不會)

但阿壽總是不輕易下決定。

　　直到有一天，西瀛旅社鄭老闆嫁到案山的妹妹，看中阿壽的認真，介紹姪女金梅給他認識，阿壽雖然木訥，還是硬著頭皮常去家裡找她聊天，慢慢的兩個人也培養出感情。

　　但卻有人在她耳邊咬耳朵，說是：「是真拍拚，也真骨力，但伊是一個曝得烏趖趖的工人，嫁給他敢會幸福？」(拍拚：打拼，認真。曝：曬。烏趖趖：形容曬得很黑。敢會：難道會。皆為閩南語音)

　　金梅卻獨具慧眼地不以為然：「認真拍拚又擱骨力卡實在。」

　　阿壽果真娶得西瀛旅社老闆的女兒金梅，達成了「娶一個和造船廠女兒背景相當的妻子」的願望。

　　蔡長壽的收入持續增加，手藝更精實。民國60幾年，每月近4萬元的收入已是高薪，但扣除家用要能夠擁有一棟屬於自己的房子並不容易，且海洋生態破壞及漁業資源漸漸銳減，造船事業也逐漸沒落，於是決定離開工作二十年的造船廠，另外打拼自己的事業。

　　民國六十三年政府推動十大建設，幾年後台灣經濟起飛，蔡長壽大哥經營長興服裝公司的童裝生意相對更好，光是內銷北中南的百貨公司便應接不暇，於是商請弟弟到台南

幫忙。

　　蔡長壽辭掉造船廠的工作，果真帶著老婆和兩個小孩到台南力挺大哥，從車工、熨燙到修理裁縫機器，任何工作都親自研究、從頭學習，日日焚膏繼晷地從早上四、五點忙到凌晨一兩點，唯恐稍有延遲即趕不及出貨的時間。

　　但這樣的日子終究不能長久，蔡長壽也評估自己並不適合這個行業，兩年後又回到澎湖做起老本行，此時四個孩子都已陸續出世。

　　正當阿壽躊躇著未來，妻子的姐姐準備去高雄陪伴就讀高中的孩子，原由她經營的五金行乏人看管，姊夫何西明便將五金行委由蔡長壽經營。雖是雇用名義，但從批貨、售貨到收款及支付貨款，全由他經營處理，儼然要自負盈虧。

幫忙看館店面的妻子擅長工筆畫

　　蔡長壽讓妻子幫忙看管店面，自己卻包攬一切事務。

　　有時貨款一時周轉不出來，他也相當有志氣

地不曾動用過妻子的私房錢，或向娘家求助，只是勤於收款。常常在客戶一早出門前或夜晚回家時，便候在門外等著收錢，尤其月底一到要更勤收賣出去的材料錢，好準備繳付月初的貨款，藉此讓現金能夠活絡。

三年後何西明正式將五金行頂讓給蔡長壽。

有了幾年的經驗，蔡長壽經營起五金行更是得心應手，他的信用深得客戶的信賴，民國七十幾年，十大建設帶動台灣的經濟發展，建築行業更隨之興旺，忙碌是蔡長壽當時生活的代名詞。他的財富也是在那幾年累積起來。

許多生意手法跳脫不了交際應酬，蔡長壽卻說自己僅對賺錢讓家人過好生活有興趣，因此找他飲酒作樂的人常會碰軟釘子，至於為人服務他卻樂在其中，即便無償也賺得心中快樂。

他的好生意可以說源於好服務，細微之處做到貼進人的心坎，便能成死忠的長久客戶。

那年頭私人有貨車的還真的不多，因此學校或單位需要幫忙載運，他都義不容辭的配合。對於客戶，更是服務到細膩處，他深知工地師傅臨時少一包釘子或鐵線，要挪出時間到市區購買很容易耽誤工作，因此不管是清晨或是夜晚，

小至一包鐵釘
或一把鐵線，
只要一通電話
他便即時送到
工地，讓工事
能 夠 順 利 進
行。

蔡長壽以服務好口碑，在五金業打出一片天

　　第三碼頭
興建時，工地常施工到接近凌晨，少量的需求他依然放棄休
息時間，一通電話，馬上送貨。有一次，在湖西工地工作的
師傅阿成補叫兩斤鐵釘，三十元的賣價利潤還不夠來回的油
錢，他還是送貨。服務態度的口碑是靠自己一點一滴努力建
立出來的。

　　阿成有一次對來工地關注的一位包商提及此事，他還
似有疑惑。於是他立刻拿起黑金剛大哥大撥電話給蔡長壽。

　　「阿壽！送兩把鐵線來工地嘿！」

　　正在整理材料的蔡長壽，十五分鐘不到就把鐵線送
到，卻看到阿成一副樂悠悠裝傻的表情。從此那位包商也成
了最忠實的客戶，需要材料腦海裡浮現的，絕對只有長壽。

他認為不論叫貨量多寡都得兼顧服務品質，是服務業一定要有的觀念。

蔡長壽五金行的貨品齊全，長的、短的、粗的、細的一應俱全。這並非因為他有大型倉庫，可以容得下存貨。他是一位凡事仔細，善於歸類的人，在澎湖馬公市區義成五金行，他釘了整齊的貨架，貨物依照分類井井有條的擺放在架上，需要甚麼材料不必東翻西找，伸手就拿得到，相對的也節省了很多時間。

忙碌的五金行生意，送貨、搬貨、整理事務繁多，但他不曾雇用工人，自己一早五、六點就開車四處送貨，把前一日的訂單先處理完畢，八點準時到碼頭載貨，以降低人力成本。

五金材料是重量驚人的貨物，僅一粒鐵線就有五十公斤重，其他的材料更不用說，每次貨船運到港口，

卸貨時整個碼頭都是蔡長壽的五金，一個月上上下下約莫要搬個五、六噸的貨，許多人都勸他要請個工人幫忙。

「阿壽！這麼多貨你一人搬不累嗎？請個工人啦！」

「造船廠一片百斤的板模都抬了，這一箱五十公斤的材料是小菜一碟啦！」

他依然自己一個人靜靜地做，從碼頭搬到車上，載回五金行再搬進屋子裡。客戶訂的貨就在碼頭整理好直接送過去，省掉囤積的空間及多次上下搬貨的勞苦，但這樣來回各一趟，每天也等於搬了兩百公斤的重量，挺著腹部使力，經年下來的成果是擁有一球硬實的大肚腩，讓許多人誤以為他年輕時是把啤酒當水喝的酒中豪傑，其實他卻是個滴酒不沾的茶客哩！

奉獻柯蔡宗親會

　　事業有成，蔡長壽也開始投入社團及公益事務。

　　早年澎湖地方報紙建國日報，若有報載有需要幫助的鄉親，他都會親自送捐助款到報社。經營五金開始獲利，過年期間他以個人名義，發給案山里的貧戶紅包，如此善行持續了十多年，待村內北極殿翻修興建，他不但捐了一百多萬的重建基金，也將原本捐助貧戶的款項捐給廟方統一運用。

　　至於民間的團體，他都以服務奉獻的心投入。

　　擔任日用器皿公會理事長時，他除了想盡辦法回饋會員，讓會員享受更好的福利，更當眾宣布退出單位工程的競

澎湖柯蔡宗親會幹部，
年底必拜訪長者

標，把機會讓給會員，不與會員做惡性競爭，因此更深得信任。

加入澎湖濟陽柯蔡宗親會二十四年，在進入的第十五年時自願為宗親服務，請纓擔任第十一屆理事長。

這柯蔡宗親會世界總會，設址於台北市吉林路，總會服務對象，除了台灣各縣、市宗親會，海外尚有菲律賓、馬來西亞、泰國、新加坡、印尼、緬甸、柬埔寨、越南、港澳、日本、韓國、美國、巴西、中國大陸等近兩百個同姓宗親會，澎湖是其中之一。總會長的職務產生台灣每三屆便出任一次，另兩屆由海外各地及中國大陸輪流擔任。

這個懂得感念前人恩德，並攏結血緣親情的團體，每個會每年皆擇春季或秋季辦理大型祭祖暨會員大會活動，以慎終追遠並聯絡宗親情感。尤其世界柯蔡宗親總會祭祖暨會員大會的場面盛大，也是國內外輪辦，各國子會會員參加踴躍，常一場超過三千員，也為地方帶來更活絡的旅遊人潮。

蔡長壽

　　由於年輕人都忙於工作養家，澎湖濟陽柯蔡宗親會理事長的人選不易產生，蔡長壽自願承擔責任自有他的想法和作為，任內五年為資金短缺的宗親會攢下七十餘萬元的存款，是為澎湖濟陽柯蔡宗親會銀行帳戶上數字最高的時期。

　　他把宗親會的付出當成自己家的事業一樣用心經營。

　　將原兩年才舉辦一次的會員大會和祭祖活動改為年年舉辦，並於每年歲末，集結所有理監事，一群人分乘幾部車，浩浩蕩蕩地走訪澎湖地區八十歲以上的會員或會員尊親屬。許多老長輩見到提著禮物來問候的一群宗親會幹部，無

澎湖柯蔡宗親每年組團參加世界柯蔡宗親總會舉辦的全球年會

不喜孜孜地歡迎，
猶如看到子女般興
奮。

各縣市柯蔡宗親會，敬老金頒發非常受莫屬

之後，他帶動
理監事等幹部，輪
流參加台灣各會的
活動，自己則未曾
缺席。如此一來，各縣市的祭祖時間的安排便相當重要，比
如台東及台南祭祖時間剛好為隔日，週六整個祭祖活動結束
已是下午兩點半之後，周日十點前要趕到台南參加當地的祭
祖，頗讓人疲於奔命。

因此蔡長壽，便在世總會理監事會議中提出「鄰近縣
市排同一週祭祖」的建議，會議中大家對來自澎湖的宗親如
此熱誠，願跨海參加便一致通過此一議題。

也因為澎湖地區的理監事自掏腰包，跟著理事長一起
參加各地祭祖，許多地區的宗親感動於澎湖的熱情，便主動
提供住宿和機場接送，讓他們的花費能夠降到最少。但蔡長
壽絕不失了禮數，回饋的是一箱箱滿滿的新鮮海產，也因此
他的好人脈廣涉全省。

如此的熱情，帶動了各縣市熱烈的參與其他縣市的祭祖活動，全省柯蔡宗親會的組織於是開始活絡參與，宗親與宗親間也更為熟識，凝結出全省柯蔡宗親一家親的情感。每年四月第三個星期日，澎湖舉辦祭祖活動，即便常逢花火節一票難求，台灣地區鄉親還是想盡辦法買得機票到澎湖與會，每年都有兩百多位外縣市宗親從空路或海路跨海參與澎湖祭祖活動，也由於他名為「長壽」在各縣市敬老金的頒發時，常被點名成為當然頒獎人。

於此，蔡長壽並獲總會頒發史上未有的祭祖全勤獎狀。更有宗親直指，目前全省祭祖活動能夠如此活絡，都是澎湖柯蔡宗親會前任理事長蔡長壽帶動的成果，因為他的投

入，把全台灣柯、蔡家族的向心力都凝結起來。

　　目前，蔡長壽雖已卸下理事長職務，榮升為名譽理事長，仍不時協助現任理事長蔡石欉帶動會內幹部參加活動，對柯蔡宗親會的情感不曾放下。

　　如此好人緣，蔡長壽識事、對人慷慨的個性源自於母親。

　　即便家中經濟狀況並不寬裕，但逢親友差孩子送來自捕的魚獲、自種的蔬菜分享，長壽的母親阿鳳一定買了糖果餅乾給孩子帶回去；親朋好友來訪，也會準備禮物相送，若是外出拜訪親友絕不空手而去。

　　對於母親，他總有深深的遺憾，當自己事業有成，可以讓她吃好一點、住好一點時，母親開始病重住院，在成大醫院就診長達三年，但因年輕時操勞累積而出的疾病纏身，終至藥石罔效，六十八歲便離世而去。

　　那時，他深深體會人生沒什麼好計較的，媽媽辛苦養大這群孩子，正當要盡孝時卻怎也來不及。於是一路走來，能付出的他就盡量做，原本對父親和伯母(蔡長壽稱父親的大某為伯母)的敵意也自此化解。

　　伯母的長子自離澎後便鮮少返家，女兒出嫁湖西鄉隘

門村，都不在身旁，她便到暗澳的明見寺菜堂出家。伯母年紀漸長，身體每況愈下最後臥病在床，靠的是寺內的師父在旁照顧。

工作忙碌的蔡長壽常抽空到菜堂看她，帶點食物及用品，也分擔一點照顧的壓力，寺裡的師父對她的孝心都相當稱許。

但他體諒師父的辛苦，也悲憫伯母沒有親人在身旁，有一天便撥電話給住在高雄的大哥(大某的兒子)，碎念他：

「你從長大後從沒真正盡過孝道，剩下最後這幾年，該接去讓她享享清福。」

大哥被如此數落，果真將自己的母親接到身邊，但不到一年的時間，伯母便不幸離世。

這件事他一直耿耿於懷，覺得自己好像做錯了事，愧對伯母，若環境未改變，她也許能再多活個兩、三年。

對於父親，蔡長壽雖然要自己放下，心裡總還存有他無故便痛打母親的陰影。

但他仍以為人子之心盡孝，父親想吃活的龍占魚，不管多貴，他就到菜市場去找，自己捨不得吃太貴的鮮魚，便宜的小紅魚配一配飯就很滿意了，其他只要父親想要的他都

會想盡辦法辦到。

　　當他年紀漸長身體開始出狀況，一通電話說哪裡不舒
服，不管眼前有多大筆的生意，他馬上放下工作帶父親去看
醫生；有時大小便失禁地弄髒了全身，他一個壞臉色也沒有
地幫他清洗。

　　曾經獲頒澎湖縣馬公市模範父親的蔡長壽，對於自己
的父親，他是努力地盡了為人子的義務，至於母親，蔡長壽
是出自肺腑的感恩。然，在他心裡永遠存著的，是對母親來
不及盡孝的那份遺憾……

榮獲馬公市模範父親殊

等　待

圖.文 / 沆淩

望見妳

在沉靜中

輕呼底美麗

以含羞

緋紅的雙頰

等待

在昨夜如羽底

霜露中

相遇

作　　者/蔡惠苓

發 行 人/張耀騰

編輯美編/蔡惠苓

助理編輯/鄭家瑜

總 審 稿/謝敬恩

封面攝影/林連守

封面設計/蔡惠苓

採訪紀錄/陳瑋倫

校　　正/金林聖 金郁安

照片提供/林萬發、曾伯福、洪條根
　　　　　葉萬教、許若嵐、蔡長壽
　　　　　澎湖縣攝影協會--陳成邦、蔡財興、陳月香

出 版 者/蔡榮大

地　　　址/澎湖縣馬公市三多路328號

出版日期/2017年8月

定價:350元

購書專線：0937300634、0925818897

匯款帳號：中華郵政700

　　　　　戶名：金郁安0241068-0280054

購書管道：

line

wechat

facebook

ISBN：978-957-43-5195-4